minha mãe é um sucesso

Labrador

Coordenação editorial Pamela Oliveira
Assistência editorial Leticia Oliveira, Vanessa Nagayoshi
Direção de arte Amanda Chagas
Capa João Schmitt
Projeto gráfico e diagramação Vinicius Torquato, Amanda Chagas
Preparação de texto Manoela Alves
Equipe *Minha mãe é um sucesso*
Consultoria editorial Rosa Peralta, Glaucia Cruz
Revisão técnica Rosa Peralta, Glaucia Cruz, Gizane Silva
Assistência editorial Marta Valim, Nicole Andrade
Imagens de capa e miolo Andrea Caichjian, Pedro Pucheu Lima Peralta, Heidi Apolinario, Patricia Ceccati, Flávio Florido

Dados Internacionais de Catalogação na Publicação (CIP)
Jéssica de Oliveira Molinari - CRB-8/9852

Minha mãe é um sucesso : uma troca entre mães e filhos sobre carreira e maternidade / organização de Maria Alicia Lima Peralta.
São Paulo : Labrador, 2025.
272 p.

ISBN 978-65-5625-839-3

1. Mães e filhos – Narrativas pessoais 2. Maternidade
3. Carreira I. Peralta, Maria Alicia Lima

25-0790 CDD 306.8743

Índice para catálogo sistemático:
1. Mães e filhos – Narrativas pessoais

1ª reimpressão – 2025

Labrador
Diretor-geral Daniel Pinsky
Rua Dr. José Elias, 520, sala 1
Alto da Lapa | 05083-030 | São Paulo | SP
contato@editoralabrador.com.br | (11) 3641-7446
editoralabrador.com.br

Dedico este livro a Concepción de Maria Peralta de Lima, um sucesso absoluto como mãe, artista plástica, esposa, irmã, amiga, avó e sogra. Ela me ensinou a cuidar de tudo e de todos e tinha tanta, mas tanta luz que decidiu ir para o céu precocemente para iluminar melhor as nossas vidas lá de cima. Obrigada, Mami. A saudade nunca vai passar.

Dedico este projeto também a todas as mães que trabalham e que nem sempre têm o reconhecimento e a visibilidade que merecem, mas que são pedras fundamentais para a construção de um mundo mais justo e igualitário. Vocês são um sucesso!

Agradecimentos

Agradeço aos meus filhos Tomás e João por participarem desta troca e darem vida a um projeto que nasceu por eles e para eles. O olhar generoso com que vocês me presentearam neste livro me tornou, também, um pouco mais generosa comigo mesma na aceitação da *mãe possível* que fui e que sou, dando trégua à eterna busca de ser a *mãe ideal*.

Sumário

Apresentação

Como conciliar carreira e maternidade? Quantas e quantas vezes nos fizeram e nos fizemos essa pergunta? E como os nossos filhos enxergam esse dilema? O que eles pensam, sentem ou lembram sobre a jornada profissional de suas mães? Como são impactados e o que vão levar com eles dessas experiências?

Minha mãe é um sucesso nasceu quando ouvi a empresária Luiza Helena Trajano ler a carta escrita por ela para seu filho Frederico, que naquele momento se formava na faculdade e iniciaria seu percurso profissional. A carta falava sobre ética, paixão e propósito, valores que a Luiza Helena incorporou intensamente na construção da sua carreira e que o Fred pôde aprender em primeira mão, pela força do seu exemplo.

Ali ficou mais claro do que nunca para mim que a mãe pode ser uma referência na vida dos filhos também no campo profissional. Afinal, no Brasil, 48% dos lares são chefiados por mulheres, que lutam para sustentar suas famílias ao mesmo tempo que mostram a importância do estudo, do esforço e do comprometimento na profissão. São motivo de inspiração e orgulho para seus filhos, ainda que, muitas vezes, conciliar trabalho e maternidade seja absolutamente caótico.

Aliás, a prova desse impacto positivo está em uma pesquisa publicada em 2018 na revista *Working Knowledge*, da *Harvard Business School*[1]: filhas de mulheres que trabalham são mais bem-sucedidas, enquanto os filhos tendem a assumir mais tarefas domés-

1 Disponível em: https://www.library.hbs.edu/working-knowledge/kids-of-working-moms-grow-into-happy-adults.

ticas, sendo os dois grupos tão felizes quanto os filhos de mães que não trabalham.

Olhando para a minha própria trajetória ao longo dos últimos vinte anos, devo reconhecer que conciliar o sonho de ter uma carreira e o sonho de ser mãe nunca foi fácil. A verdade é que fui mãe e executiva em tempo integral, com meus filhos vivendo comigo os altos e baixos dessa jornada. Uma experiência com percalços, mas de muito aprendizado, que demonstra que não precisamos desistir dos nossos sonhos.

Assim como eu, milhares de outras mulheres passam por esse dilema, sem ter a chance de conversar com os filhos, de ouvir o que eles tiraram de tudo isso, de sentir o orgulho deles por esse legado, aliviando um pouquinho o bom e velho sentimento de culpa.

E para falar desse caldeirão de experiências, fui em busca das histórias de outras mães e filhos, que aceitaram compartilhar o entrelace da maternidade e da vida profissional em seus diferentes contextos, fases, idades e realidades. Mulheres que precisaram mudar de emprego com os filhos pequenos, trabalhar longe da família ou até mesmo mudar de país no meio da gravidez. Outras deram à luz mais tarde na vida para focar na carreira, foram promovidas enquanto gestavam ou decidiram por uma nova trajetória profissional para ficar mais tempo com a família.

Ao também abrir espaço para as vozes de filhos e filhas, *Minha mãe é um sucesso* traz de forma inédita o olhar, as percepções e os sentimentos daqueles que acompanharam a trajetória ascendente de suas mães. Essas narrativas de amor, orgulho e inspiração revelam a beleza e a diversidade das relações familiares, mostrando que não existe um único modelo de mãe.

O livro provoca, portanto, reflexões importantes sobre o papel da mulher nas empresas e em casa, desafiando estigmas e expectativas que cercam o gênero feminino no mercado de trabalho. Aqui, encontramos um leque de aprendizados valiosos sobre coragem e resiliência no enfrentamento da culpa, da pressão e do medo de *não dar conta* que muitas de nós carregamos.

Minha mãe é um sucesso é mais do que uma coletânea de relatos; é um livro que, sem romantizar a complexidade de conciliar maternidade e vida profissional, convida a todas as leitoras a refletirem sobre suas próprias escolhas e a encontrarem inspiração em histórias reais que mostram que o sucesso de uma mulher pode se traduzir no sucesso de toda a família.

Para tornar o projeto do livro ainda mais especial e ampliar seu impacto, nada mais significativo do que fazer uma a parceria com o Grupo Mulheres do Brasil, liderado pela inspiradora Luiza Helena Trajano. Criado em 2013, o grupo reúne mais de cem mil mulheres, distribuídas em 155 núcleos no Brasil e no exterior, que levam adiante iniciativas de promoção da igualdade racial e de gênero – desde o apoio ao empreendedorismo feminino a ações de sustentabilidade e combate à violência de gênero. É muito gratificante poder contribuir por meio da doação do valor das vendas de *Minha mãe é um sucesso* para esse grupo de mulheres incríveis que se uniram e arregaçaram as mangas para fazer a diferença.

Boa leitura!

Maria Alicia Lima Peralta
(organizadora e autora)

Luiza Helena Trajano

FRANCA, 18 DE MARÇO DE 1996

Meu Filho querido,

É muito bom para nós, pais, quando sentimos e presenciamos a evolução e os ciclos dos filhos. Principalmente quando esses ciclos são conquistados com determinação, esforço e, acima de tudo, com muito amor.

Hoje você está iniciando mais uma etapa de sua vida, e gostaria de deixar registrada a minha satisfação. E, como mãe, não poderiam faltar algumas orientações:

- Acredite em você mesmo e na sua fé, no Absoluto.
- Procure não mitificar coisas e nem pessoas.
- Tenha sempre uma atitude de troca: dar e receber.
- Não abra mão por nada da sua ética, moral e crença na evolução do homem.
- Saiba que tem uma missão. Descubra-a e lute por ela.
- Tenha tempo para tudo. Por isso, se organize, crie ritmo e rotina.
- Tenha paixão pelo que faz, pois só assim fará melhor e mais fácil.
- Seja sempre você mesmo. Nunca omita a verdade. A transparência é importantíssima neste momento.

Que as forças Divinas estejam sempre com você, dando-lhe SABEDORIA, AUTORIDADE e JUSTIÇA.

Beijos,
Luiza Helena

Frederico Trajano

Era o início da minha carreira – me formei aos 21 anos, ainda muito jovem – e a carta da minha mãe foi um norte para mim, uma bússola para o início da minha jornada profissional. Ela elogiou o que eu havia conquistado até ali e, ao mesmo tempo, me ofereceu conselhos práticos para o futuro. Apesar de me lembrar de que eu traço meu próprio caminho, ela me deu algumas direções para me ajudar a não me desviar do rumo certo.

Existem alguns marcos na nossa vida que se destacam, como entrar na faculdade, formar-se, casar e ver o nascimento dos filhos – no meu caso, de três filhos. São momentos especiais que nos deixam felizes por termos alcançado esses objetivos e, em paralelo, nos fazem pensar sobre o futuro.

Para mim, a carta da Luiza reflete esses dois aspectos. Primeiramente, expressa a felicidade de ver essa fase da minha vida concluída com sucesso. Foi uma trajetória em uma faculdade muito boa, em que conquistei cada ciclo e superei etapas importantes. Ao mesmo tempo, traz várias sugestões para o futuro, pois naquele momento eu estava na transição entre o mundo dos estudos e o do trabalho, entre aprender e colocar em prática. Ela gosta de dar conselhos profissionais, de ajudar as pessoas, e esse momento de troca entre mãe e filho foi muito especial.

Ela sempre diz que prefere *tocar na banda a vê-la passar*. E o fato de ser mulher acrescenta um componente atípico a essa trajetória de muito sucesso. Mas, para mim, tudo isso sempre foi muito natural. Eu nasci e cresci cercado por mulheres fortes. Tanto minha mãe quanto minha tia Luiza sempre foram protagonistas de suas carreiras e, muitas vezes, as principais provedoras.

Reconheço que vivo em uma bolha de protagonismo feminino. Ainda assim, percebo o quanto outros líderes têm dificuldade em aceitar uma liderança feminina, ou o quanto essa realidade poderia ser diferente em outros lugares quando vejo conselhos ou diretorias compostas quase exclusivamente por homens. Recentemente, o Magalu recebeu um prêmio por ter mais de 30% de mulheres no conselho de administração. É algo raro: apenas 6% das empresas de capital aberto no Brasil atingem esse número.

Para as mulheres que estão buscando seu norte, eu diria que não existe uma fórmula. Se uma mulher quiser trabalhar e, ao mesmo tempo, cuidar da família, isso é absolutamente possível. Foi o meu caso, por exemplo. Minha mãe sempre trabalhou muito, e minhas irmãs e eu somos felizes, bem-sucedidos e realizados. Já minha avó, por outro lado, abriu mão de trabalhar para cuidar da filha, e minha mãe é uma pessoa feliz, realizada e muito bem-sucedida profissionalmente. Minha esposa também optou por não trabalhar, e nossos filhos estão muito bem encaminhados.

Luiza sempre diz que não existe fórmula para criar filhos, uma receita pronta. O importante é escolher a trajetória que faz mais sentido para você, sem carregar a culpa por essa decisão. Minha mãe nunca se sentiu culpada por trabalhar, e acredito que o mais importante é confiar na própria escolha e buscar ser feliz.

Hoje, mais do que nunca, tenho uma grande admiração pelo protagonismo que a minha mãe assumiu, mesmo antes de se tornar presidente da companhia. Ela sempre exerceu uma liderança muito forte, com uma autoridade natural, não apenas pelo cargo que ocupava. Se pensarmos bem, ela não era filha da dona da empresa; o que conquistou foi pelo seu trabalho, pelas suas realizações e pela energia que coloca em tudo.

Os eventos que mais me marcaram foram aqueles em que ela reunia o time em uma sala e magnetizava a todos com essa energia. No *Mulheres do Brasil*, por exemplo, evento que reúne milhares de mulheres para tratar de temas como equidade de gênero, empreendedorismo feminino e combate à violência contra a mulher, ela exerce uma liderança carismática que é comum entre líderes políticos, mas rara no mundo corporativo.

Não diria que esse carisma influenciou diretamente o meu estilo, porque cada um tem sua personalidade, sua maneira de exercer liderança, mas, sem dúvida, é uma característica dela que eu sempre admirei e que me impressiona até hoje.

Vejo com muito orgulho o sucesso que minha mãe alcançou ao conseguir transcender o setor empresarial e se tornar uma referência nacional.

RELATOS

Bianca

Bianca Benoliel tem 52 anos. Nasceu em São Paulo, mas cresceu no Rio de Janeiro. Já morou na França, no México e hoje vive nos Estados Unidos. Com mais de 25 anos de experiência em gestão de marcas de luxo, construiu uma carreira que começou na indústria da beleza, em empresas como L'Oréal e Coty. Mais recentemente trabalhou para marcas como Bulgari, Montblanc e Louis Vuitton. Ocupou posições em Marketing, Comunicação e *omnichannel*[2]. No momento, está em um ano sabático, aproveitando a família e o tempo livre.

É mãe da Sara, de 9 anos.

Sacudidas da vida

Eu cresci vendo minha mãe trabalhar. Depois do divórcio, meu pai não se fez muito presente e minha mãe acabou me criando sozinha. Ela sempre foi autossuficiente e independente, por isso encaro o trabalho como parte integral da minha vida. Comecei muito nova, fazia *babysitting* aos doze anos e conheci o prazer de ter certa *independência financeira* já naquela idade.

Em vários momentos da vida precisei ser pragmática para seguir com a minha carreira. Um desses momentos foi quase premonitório. Eu tinha um emprego que amava, gostava profundamente do que fazia, mas o salário era baixíssimo. Já estava há algum tempo nessa empresa, então era o momento de dar um passo maior. Fiz uma entrevista e recebi a proposta para ganhar o dobro do que estava recebendo. Claro que aceitei, afinal, era uma oferta irrecusável, tanto financeira quanto profissionalmente. Porém, a decisão não

2 Estratégia de negócios que integra todos os canais de comunicação e venda de uma empresa, com o objetivo de proporcionar ao cliente uma experiência de compra fluida e coesa.

veio sem tristeza. Eu, de fato, amava aquele trabalho. Minha mãe, sempre prática, tentava me consolar: "Não sei por que você está triste. Com aquele salário você não conseguiria se manter sozinha."

Chamo aquele momento de *premonitório* porque, na época, eu estava em um relacionamento e morava com meu namorado. Poucos meses depois, o relacionamento terminou e aquele novo emprego me deu a autonomia financeira de que eu precisava. Tinha cerca de trinta anos e aquela experiência foi um verdadeiro marco, um momento decisivo no qual aprendi a importância de pensar de forma pragmática sobre o futuro.

Rede de apoio para encarar o dia seguinte

A maternidade chegou um pouco mais tarde na minha vida: tinha 43 anos quando a Sara nasceu. Foi muito desafiador ser mãe naquela idade porque, quando se é mais nova, o espírito é mais leve e a maternidade é encarada com menos apreensão. Engravidei quando eu já ocupava uma posição bem-estabelecida na minha profissão, em um país estrangeiro.

Uma das maneiras que encontrei para equilibrar as tarefas foi buscar ajuda e criar uma rede de apoio. Morava em Nova York e não tinha família por perto, então precisei construir essa rede sozinha. A Sara passava o dia na creche e, à noite, eu contava com uma babá que dormia em casa. Caso contrário, como poderia enfrentar o dia seguinte, ir para o trabalho e recomeçar tudo de novo, já que a Sara acordava muito à noite?

Nos Estados Unidos, os serviços de uma babá são caríssimos. Eu brinco que pagamos na base do taxímetro, porque o pagamento é por hora, mas eu encarava como um investimento. Lembro de uma ocasião em que a babá não pôde vir. Naquela noite, a Sara acordou sete vezes. Sete! No dia seguinte, eu estava acabada. A experiência daquela noite apenas reforçou o quanto era necessário esse investimento e foi a forma que encontrei para conseguir equilibrar a maternidade e a carreira.

Em certa ocasião, minha filha tinha uma consulta com o dentista e eu não podia levá-la. A babá a levou, e eu fiz uma ligação pelo *FaceTime* com o dentista para acompanhar a consulta. A gente faz o que pode para conciliar e, enquanto profissionais, enriquecemos muito o mercado de trabalho com essa habilidade de ser multitarefa.

Ausência sem culpa

Sempre viajei muito a trabalho e houve uma fase especialmente dolorosa para mim, porque a Sara sofria com a minha ausência. Ela já estava mais crescida e começava a entender melhor o conceito de tempo. Quando o filho ainda é bebê, ele não tem essa noção – só sabe que você não está ali, mas não entende o significado dessa ausência.

Um dos momentos mais difíceis foi quando liguei para casa e ela não parava de chorar. Foi um dia desesperador para mim. Felizmente ela não se lembra dessa história, o que me traz um certo alívio. Quando eu fazia viagens mais longas, de dez a quinze dias, eu sempre avisava na escola: "Olha, a Sara vai ficar um pouco murchinha esses dias e vai precisar de um pouco mais de atenção." Tentava orientar as pessoas que estavam em volta dela para dar um descontinho. Sei que as mães falam muito sobre culpa, mas eu não me sentia assim. Ficava com o coração apertado mesmo, com saudade; mas culpada, não.

Um outro momento foi quando não pude estar em casa para um feriado judaico, o mais importante do ano. Para quem é católico, seria como viajar e ficar longe da família no Natal. Eu tive que trabalhar no Rosh Hashaná, o ano novo judaico, mas surgiu uma oportunidade que não podia perder. Meu marido ficou chocado: "Você não vai estar em casa no feriado mais importante do ano? Que mensagem a gente está passando para a nossa filha?" Acredito que ele tinha razão, mas a Sara ainda era muito pequena para fazer essa conexão. Hoje, com ela mais crescida, essa ausência seria grave, acho que teríamos um outro tipo de conversa em família e talvez eu não viajasse.

Diferenças entre Brasil e EUA

Apesar dessas situações difíceis, posso dizer que tive a sorte de ter um trabalho relativamente tranquilo. Aqui nos Estados Unidos, você só trabalha muito se é advogada ou se atua em banco, senão, o dia a dia é muito mais equilibrado. Os americanos têm outra abordagem em relação ao trabalho: não existe aquela socialização no escritório, ninguém sai para almoçar, por exemplo, e o dia rende mais.

Claro que em determinados meses do ano, como na época do *budget*[3], os dias são mais intensos. Fora esses períodos, tirei proveito do famoso *nine to five*, o expediente de nove da manhã às cinco da tarde. Fiquei oito anos no mesmo emprego que demandava bastante, mas eu já tinha conquistado um espaço, tinha uma relação excelente com meu chefe e ele sabia que podia confiar em mim. Eu cumpria os prazos e entregava um ótimo resultado para a empresa.

Serenidade no trabalho e em casa

A maternidade me trouxe uma espécie de calma que transferi para o trabalho. Sabia que a coisa mais importante da minha vida já estava comigo: a minha filha. Quando as pessoas ficavam muito alteradas no trabalho, eu mantinha a serenidade. Acho que essa calma veio porque consegui relativizar: "Quão importante o trabalho é em relação à minha família, à minha filha?" Uma das coisas que eu digo sempre para o meu time: "A família vem em primeiríssimo lugar, e o que estiver acontecendo com vocês, qualquer problema, podem contar comigo." Acho importante estabelecer essa relação de confiança, pois o time trabalha melhor e mais tranquilo. Nem sempre tive um chefe que agisse dessa forma, mas independentemente disso, é assim que eu ajo com a minha equipe.

O trabalho me ensinou que a gente consegue resolver qualquer problema, tanto na vida profissional quanto em casa. Antes de ter

3 Época do ano em que as empresas definem seu orçamento para o ano fiscal seguinte.

minha filha, eu já trabalhava muito, não tinha tempo para nada. Quando engravidei, pensei: "Como vou dar conta de tudo isso e da minha filha?" Claro que o trabalho não diminuiu, além de ter surgido uma série de novas atividades que não eram negociáveis. Minha filha tem que comer, tomar banho, precisa de atenção. Muitas vezes optava por sair cedo do trabalho para ficar mais tempo com a Sara, mas depois de colocá-la na cama, trabalhava à noite para compensar. Era um eterno *looping* de compensações. No final, tudo funcionava, eu fazia minhas entregas. Às vezes achava que não ia dar certo, mas sempre dava.

Só temos esta vida

É muita responsabilidade dar conselhos, mas o recado que eu deixo para as outras mulheres é que devemos fazer o que sentimos vontade. Quer ser mãe? Seja mãe. Quem não se interessar pela maternidade, vai fundo: mergulhe de cabeça carreira e encontre a sua felicidade. Afinal, só se vive uma vez.

A maternidade traz muitos desafios, mas o universo conspira a favor. A gente encontra saídas e a vida vai se acertando: vamos amadurecendo e entendendo o que é mais importante. Minha mãe sempre trabalhou fora. Quando a nossa empregada não ia, eu ficava com a vizinha. Lembro que uma vez a vizinha também não estava e a minha mãe me levou de ônibus para a casa de uma tia no Rio – saímos cedinho enquanto eu ia comendo meu pão com manteiga. Em dias assim, tudo era muito corrido e minha mãe ficava bastante estressada. Hoje entendo o porquê. A maternidade não é uma linha reta; mas se você quer muito, é possível conciliar com a carreira.

Agora, estou em um momento sabático porque a equação não estava fechando, eu não estava me sentindo realizada no trabalho. Se não estou feliz no trabalho, também não fico feliz em casa, e essa dinâmica afeta a família toda. Por isso é muito importante estarmos sempre atentas e sermos respeitosas e carinhosas conosco.

As mulheres devem se conectar com o que realmente querem. Também é importante termos a noção do que é aceitável para nós no trabalho e do que não é. Um dia, em uma reunião, recebi um comentário maldoso e desnecessário sobre mães e filhos. Meu chefe não se deu conta na hora. Quando conversei com ele, foi muito compreensivo: chamou o time para conversar e falou sobre empatia. Eu fiquei feliz, não apenas porque me senti ouvida e reconhecida, mas porque acho que naquele dia todo mundo voltou para casa um pouquinho mais atento e generoso.

Uma escolha profissional com propósito

O único desejo que tenho para Sara é que ela seja muito feliz, que ela realmente se realize com a escolha profissional que fizer. Ela diz que quer ser veterinária quando crescer. Não sei se ela vai seguir essa carreira, mas a paixão que tem pelos animais é evidente. Como meu marido é alérgico a cães e gatos, não podemos ter pets em casa. Acho que especialmente por essa razão o amor dela pelos bichos é ainda maior – principalmente com os cachorros. Ela dá atenção a todo e qualquer cachorro no prédio e até na rua!

Desejo também que ela encontre inspiração no trabalho. Antigamente os pais queriam se realizar através dos filhos: "Meu filho vai ser médico." Anos atrás havia essa questão, e talvez a carreira escolhida não tivesse um verdadeiro significado para os filhos. Não tinha propósito, uma palavra que eu acho muito importante trazer para a conversa.

Espero que minha filha encontre esse propósito na profissão de veterinária. Bicho não fala; por isso, tem que haver uma conexão singular e uma comunicação que envolva afeto. Minha filha é exatamente assim: empática, afetuosa, adora cuidar. Acho que ela vai acabar se tornando veterinária mesmo, e eu só espero que ela seja extremamente feliz.

Sara, 9 anos

O que lembro do trabalho da minha mãe é que ela trabalhava com roupas. Sei que ela fazia muitas ligações e participava de muitos eventos. Eu nunca fui aos eventos, mas já fui ao escritório da mamãe. Fui no da Bulgari e da Montblanc. Mas não fui no da Louis Vuitton. Ela trabalha com marketing. Quando eu crescer, quero ser veterinária.

Nos dias que eu ia no trabalho da minha mãe, brincava de colorir e no computador. Eu gostava muito. Também gostava das comidas de lá e de sentar na cadeira dela, uma cadeira grandona, mais confortável que a minha cadeira da escola. Ela me pegava pela mão e me mostrava para todo mundo. Tinha gente que me dava presente, bala e chocolate. A sala dela não era muito grande, era média. Quando estava no trabalho ou no telefone, ela parecia feliz.

Minha mãe viajava muito a trabalho e, nessas horas, eu ficava com o meu pai. Sentia muito sua falta e sempre torcia para que ela chegasse logo para eu ficar mais tempo com ela. Em casa, a gente faz um monte de coisas juntas: brinca de Barbie, joga gamão, Banco Imobiliário, Uno e Risk[4]. Eu não lembro de sentir a ausência dela tantas vezes. Na minha escola antiga, toda semana eles faziam uma oração com todo mundo. Ela não ia todas as semanas, mas ia quase todas e, quando ela não podia, meu pai ia.

O trabalho da minha mãe ajuda muito. Eu posso ter minhas Barbies, a casa da Barbie, posso fazer colônia de férias, tudo isso.

O recado que eu deixo para a minha mãe é: Eu te amo! Você é muito amável, doce e adorável. Só é meio brava às vezes. Quero brincar muito com você!

---

4 Versão americana do jogo War.

Catia

Catia Porto nasceu no Rio de Janeiro, em 1º de abril de 1969, mas tem dupla nacionalidade: brasileira e britânica. Com mais de trinta anos de experiência, é executiva global de Recursos Humanos, com passagens pelos Estados Unidos, Japão, México, Finlândia e Reino Unido, além de ter realizado projetos na China e na Índia. Liderou equipes em empresas listadas na *Fortune 500*, *FTSE 100* e *Forbes*. Em 2021, fundou o projeto *Talentalks*, uma iniciativa dedicada ao desenvolvimento de lideranças e Diversidade, Equidade e Inclusão (DEI), além de criar um programa de aceleração de carreira para mulheres, o ELLA, que hoje conta com mais de três mil alunas. Atualmente é vice-presidente de Recursos Humanos.

Mãe de Nat, 32 anos.

Maternidade em início de carreira

Desde muito cedo, soube que queria ter uma carreira corporativa, liderar grandes times e trabalhar em grandes empresas: a busca pela independência, inclusive financeira, sempre foi importante para mim. Para chegar aonde estou atualmente não foi uma trajetória simples. Os desafios foram gigantes, não foi fácil! Tomei decisões difíceis e corri muitos riscos ao longo da minha carreira, mas hoje me sinto feliz e realizada. Olho para trás e vejo que valeu a pena cada esforço, cada lágrima, cada sorriso, cada desespero, cada frustração e cada aprendizado.

No início de uma vida profissional intensa e cheia de ambições, me casei e me tornei mãe logo na sequência. Eu era muito jovem, apenas 23 anos, com inúmeras inseguranças, sem estrutura de apoio adequada no casamento e ganhando pouco: o dinheiro do mês era contado. Além disso, fui mãe em um momento em que a licença-maternidade era de apenas três meses e Nat nasceu premature.

Durante o meu relato, você vai perceber que vou usar o pronome neutro. Nat, minhe filhe de quem eu tenho tanto orgulho, passou por uma jornada intensa, difícil, com muitos altos e baixos até se reconhecer e se assumir uma pessoa trans não binária. Além de todas as incertezas próprias da carreira e do papel de mãe, também passamos juntes pelas dificuldades de um mundo pouco diverso e inclusivo.

A falta de apoio em casa, que afetava minha carreira e não ajudava na maternidade, me fez tomar a decisão de me separar quando Nat ia completar sete anos. O período de mãe solo foi desafiador. Eu saía para trabalhar muito culpada: estava deixando Nat em casa por conta de um salário baixo. Tive que fazer escolhas difíceis naquele momento, pois, ao priorizar a carreira, a maternidade muitas vezes ficou em segundo plano. Eu não fui uma mãe que conseguia participar ativamente das atividades da escola, das apresentações do Dia das Mães, do balé, de trabalhos escolares, por exemplo. Inevitavelmente tinha alguma reunião importante no mesmo dia e horário.

Em 2010, após dez anos de uma jornada de mãe solo, eu encontrei meu parceiro de vida. Hoje eu sou casada com Richard, um britânico super brasileiro que me apoia e se orgulha da minha carreira executiva. Apesar de ter conhecido Nat com quase 17 anos, meu marido participa ativamente da vida delu.

Ume filhe para honrar

Sem dúvida alguma, a maternidade me deu coragem para não desistir. Na verdade, eu não tinha muita escolha – tinha ume filhe para criar e boletos para pagar. Tornei-me uma pessoa muito mais forte, determinada e resiliente, com a capacidade de tratar de muitos assuntos ao mesmo tempo, cuidar do meu lado profissional e do meu lado pessoal.

Aprendi a me posicionar e a falar o que queria, o que precisava e o que achava que daria certo. Eu amo minha carreira; sou privilegiada por ter tido a oportunidade de trabalhar e de escolher o que queria fazer. A nossa sobrevivência e independência vieram da minha carreira. A possibilidade de fazer escolhas, como sair de um casamento, viajar e ter uma carreira internacional, veio do trabalho que eu me propus a fazer: digno, desafiador e altamente gratificante.

Como muitas, não me achava boa o suficiente no início da carreira. Questionava meus conhecimentos, competências e capacidade. Com o tempo, aprendi a superar esses momentos e não ter medo de buscar saltos sempre maiores. Porém, mesmo todas essas conquistas não me deixaram imune à tal da síndrome da impostora, que bate na porta de vez em quando.

A primeira transferência profissional

A primeira a gente nunca esquece! Aconteceu quando eu já estava divorciada, em uma época que nem se falava em rede de apoio e mal existia telefone celular. Eu fazia parceria com motoristas de táxi para ajudar em emergências, com o porteiro do prédio, com a vizinha, com a diarista que trabalhava na minha casa. A gente aprende a se virar. Eu mesma fui montando a minha rede de apoio no novo local. Nem passou pela minha cabeça recusar a oportunidade que eu conquistei por causa do medo de cuidar de ume filhe sozinha em uma cidade onde não conhecia ninguém.

Nessa mesma mudança, eu passei por um episódio muito desafiador. Eu viajava muito a trabalho, pois tinha um cargo regional. Em uma das viagens para Manaus, assim que eu aterrissei e cheguei na fábrica da empresa, recebi a ligação da diretora da escola de Nat dizendo que elu tinha sofrido um acidente e que eu tinha que buscá-le com urgência para levar ao hospital. Em Manaus, há apenas um voo por dia, e ainda tem a diferença do fuso horário. Esse momento foi desesperador! Liguei para a minha mãe, no Rio de Janeiro, e falei para ela: "Pega a primeira ponte aérea para São

Paulo, que eu pago o que for." Nesse meio tempo, liguei para minha assistente, ela pegou nosso taxista de confiança e eles foram buscar Nat na escola. Eu tive que enviar uma autorização para eles poderem sair da escola com elu para o hospital. É sobre isso: a carreira da mulher, ainda por cima quando é mãe solo, tem esses momentos que muitas vezes as pessoas não imaginam ou não entendem. É trabalhar com esse temor diário de que algo pode acontecer com os filhos sem que a gente esteja por perto.

A vida seguiu e passei por muitas outras transferências. Em certo momento, surgiu a proposta de assumir um cargo global da empresa na Finlândia. Lá fomos nós, mais uma vez nessa parceria e união, mas sempre com o desafio de levar ume adolescente de 15 anos para o outro lado do mundo, exercer uma posição global e liderar mais de cem países.

Por conta de tudo isso, eu sempre tentava fazer viagens curtas na Finlândia, de três dias no máximo. Ainda assim, teve um projeto que exigiu que eu passasse uma semana na Índia. Nós tivemos que nos virar de novo. Tratamos de nos organizar para que Nat tivesse comida por uma semana, se virasse com as questões de transporte para a escola e ficasse sozinhe em casa à noite. Aos poucos, fomos encontrando a nossa forma de lidar com a ausência.

Foram os riscos que corri, mas consciente de que eu não chegaria na posição de executiva que almejava sem eles. O coração fica na mão, mas eu acho que, com o passar do tempo, os filhos vão entendendo melhor como lidar com as dificuldades, como superar os desafios da vida e como valorizar a vontade de suas mães de voarem alto.

Conquista dupla

Sim, foi uma conquista dupla porque tudo o que alcancei não foi sozinha. Se não fosse o total apoio, a compreensão e a força que Nat me dá, eu não chegaria aqui. A nossa rotina na Europa era intensa, sem rede de apoio para tocar as tarefas da casa. Apesar dos desafios diários, sempre tentávamos nos reconectar à noite, no momento do jantar.

Quando nos mudamos para Londres, Nat ganhou uma *scooter* no aniversário de 18 anos. Não fui muito a favor disso. Apesar de ser um desejo enorme de Nat, eu tinha muito receio dos perigos. Mas o Richard é fã número um de Nat e me convenceu a dar esse presente.

Alguns meses depois, durante um dos jantares, conversando sobre o que iríamos fazer no dia seguinte, eu disse: "Amanhã tenho uma reunião muito importante, uma apresentação para o Conselho." Foi justamente nesse dia que, após a escola, Nat caiu da *scooter* ao fazer uma curva acentuada. Eu só soube do ocorrido quando cheguei em casa. Nat já tinha resolvido tudo: ligou para o seguro e para o Richard, que trabalhava de *home office* e estava a apenas 15 minutos de distância do local. Juntes, desamassaram uma parte da *scooter*, recolheram os pedaços que estavam pelo asfalto e voltaram para casa. Ao chegar, percebi que tudo estava resolvido e perguntei: "Por que você não me ligou?" Elu respondeu: "Porque eu sabia que você tinha uma reunião importante, não queria que você ficasse preocupada."

Eu confesso que na hora bateu um misto de orgulho e culpa. Orgulho por elu ter resolvido tudo sozinhe e culpa pela minha ausência. Nat arranhou o braço, a perna e o rosto. Naquele momento, percebi a consciência que elu já tinha adquirido, entendi profundamente que nos preocupávamos de forma muito genuína e com muito amor um pelo outro.

Não pude deixar de imaginar o que elu pensou no momento do acidente: "Vou fazer o que puder aqui do meu lado; minha mãe está cuidando de outras coisas agora." Pensar no outro em um momento difícil, acima do seu próprio bem-estar e de sua saúde, é de uma sensibilidade, de uma grandeza e de um olhar muito especial e repleto de empatia. Ali, mais uma vez, eu tive a total certeza de que aquele bebê cresceu e tinha se tornado ume adulte gigante.

Olhando para a nossa trajetória, penso em tudo o que conquistamos e como conquistamos. Eu e Nat conversamos sobre o passado outro dia e um filme passou em nossas cabeças. Falamos sobre os riscos e as possibilidades de tudo ter dado errado, ainda que fosse um grande aprendizado para nós, mas deu certo no final. Arriscamos juntes e sempre conversamos sobre esses riscos. Tenho plena consciência de que, para que eu pudesse fazer tudo o que fiz, para tomar as decisões que tomei, eu precisava delu. Precisava que elu entendesse a minha ausência, que aceitasse que eu não estaria sempre presente para fazer o dever de casa juntes e que eu não poderia estar na escola em suas apresentações e momentos especiais. É uma conquista dupla e agradeço todos os dias por ter tido a melhor pessoa ao meu lado.

Ume adulte gigante

Foi já na fase adulta que Nat iniciou o processo de se reconhecer como pessoa trans não binária. Eu confesso que não sei dizer ao certo quando tudo começou. Foram muitas fases de descobertas e dificuldades. Eu via a transformação, o inconformismo, a luta pelo respeito às minorias e ao diverso.

Foi um rompante, um susto, um receio. No primeiro momento, uma preocupação enorme em como Nat seria respeitade. Como superar os preconceitos e os julgamentos? Como evitar que visões distorcidas e errôneas se sobreponham aos valores de um ser humano que eu amo? Como garantir que Nat possa exercer o seu direito de ser quem se é, de se sentir feliz e em segurança? O que essa transição significava para mim, enquanto mãe?

Além do compromisso que eu já abraçava há anos, de abrir espaço para as mulheres nas organizações em busca da equidade de gênero, surgiu a reflexão de como eu, no meu papel de executiva, poderia, a partir daquele momento, dar voz também a essa causa.

Hoje Nat é designer e artista. Trabalha, faz projetos, tem seus *freelas* e clientes. É um mundo completamente diferente do meu. Meu único desejo para a sua vida profissional é que elu seja feliz. Fiz o máximo para tentar minimizar as pressões que vivi, mas sei que Nat também vai viver as suas. Meu legado para Nat são os valores sólidos, de muita honestidade, trabalho digno e, principalmente, um olhar carinhoso para a vida e para o outro.

Tenho muito orgulho de ser mãe de uma pessoa tão humana e com valores tão grandiosos. Tenho uma admiração profunda pelo respeito que demonstra ao próximo, à vida, à natureza e aos animais. Nat veio para me ensinar muitas coisas, e eu agradeço todos os dias por esses aprendizados. O principal deles é que esse mundão pode ser diverso, pode ser inclusivo e pode ser vivido de diferentes formas. Eu vibro muito a cada vez que vejo Nat feliz e desbravando o seu mundo. Um mundo único, especial, de muitas descobertas, desafios e ensinamentos. A Catia de hoje não existiria sem Nat. O nosso compromisso é para sempre e além. Meu amor por Nat é incondicional; o nosso elo é eterno.

Sem medo de arriscar

O recado que deixo para as mulheres que estão na dúvida de como conciliar a maternidade com a carreira é que elas não tenham medo de arriscar. O medo nos paralisa, e a verdade é que aprendemos a nos virar e a criar uma rede de apoio. Nenhum dos movimentos que eu fiz foi com estrutura. Eu simplesmente me recusei a aceitar o convencional, a achar que não tinha espaço e a ser rotulada. Eu neguei a crença de que eu precisaria escolher entre carreira e maternidade. Eu desafiei a ideia de que haveria um limite para o meu crescimento profissional. Mulheres e mães: equilibrar maternidade e carreira é difícil, mas é possível!

Nat, 32 anos

Desde criança, sabia que minha mãe trabalhava no ambiente corporativo, que ela ocupava uma posição importante, mas que, por ser mulher, era uma minoria. Esse lugar de uma mãe que sai para trabalhar é visto como que subvertendo o papel do pai. Hoje em dia, eu entendo melhor os valores pessoais dela. Com mais idade, conforme ela foi me falando sobre o trabalho com mais detalhes, percebi o quanto ela leva esses valores para o ambiente de trabalho e busca, de certa forma, mudar as coisas de dentro para fora.

Uma das primeiras lembranças que tenho sobre o trabalho da minha mãe é de uma viagem que ela fez aos Estados Unidos. Eu devia ter uns cinco ou seis anos. Lembro que, na época, ela ainda era casada com meu pai, e ele não estava muito satisfeito com aquela situação. Quando ela voltou, trouxe uns bichinhos de pelúcia para mim, os personagens da Disney no formato *baby*. Passei a colecionar esses personagens e, toda vez que viajava, ela trazia um novo para mim.

Depois disso, eu lembro mais da fase dela como mãe solo e compartilhando comigo abertamente seus processos. Não lembro muito de sentir sua falta, porque, quando ela estava presente, estava de fato ali comigo. Não era aquele presente meio distante. Talvez ela não tenha participado de um Dia das Mães ou de alguns eventos desse tipo na escola, mas ela sempre foi muito aberta comigo e me explicava tudo. Sinto que, por esse motivo, eu não tinha a sensação da ausência, eu entendia o propósito. Ela dizia: "Eu preciso sair e trabalhar para poder pagar o seu colégio, alimentação, para termos onde morar e para a gente poder comprar o que precisamos." Para que eu pudesse assimilar todas essas questões, só mesmo com muita comunicação, e a gente tinha essa troca.

O trabalho dela contribuiu muito para o bem-estar da nossa família. O sucesso da carreira da minha mãe, além de trazer segurança financeira, também trouxe um sentimento de orgulho muito grande, especialmente para o meu avô e minha avó. Eles puderam ver a filha se tornar uma mulher bem-sucedida e reconhecer que o tempo, a educação, os ensinamentos e os valores que passaram estão sendo perpetuados por ela.

Das viagens e mudanças que fizemos, uma lembrança forte que tenho é a de quando fomos para a Finlândia. Ela pediu para conversar comigo e falou: "Eu recebi uma proposta para morar na Finlândia. Você gostaria de ir?" Lembro que respondi: "Sim, vamos!" Fui para o computador e pesquisei onde era a Finlândia. Eu não sabia. Vi que era o país número um em educação, pesquisei sobre o presidente e muitas outras questões. Eu, mesmo sem saber direito muitas coisas sobre aquele país, confiava demais nas decisões da minha mãe.

No primeiro momento foi difícil, a gente ficou em um apartamento provisório, mas eu estava muito animade. Era tudo novidade. Eu tenho espírito aquariano: amo mudanças. Aos poucos fomos nos adaptando. Fui para um colégio internacional, acho que um dos mais legais em que já estudei, com bastante gente expatriada e pessoas muito receptivas.

Depois veio a transferência para a Inglaterra, e lá foi um pouco mais difícil. Eu já estava com mais idade e com algumas questões emocionais. Começou a bater uma vontade de voltar para o Brasil. Após algumas conversas com a minha mãe, voltei a morar no Rio de Janeiro e, a partir desse momento, passamos a viver em países diferentes e distantes.

Lembro que, quando criança, eu queria ter a mesma carreira que a minha mãe. Existia uma sensação de que eu tinha que chegar lá da mesma forma que ela chegou. Minha inspiração sempre foi minha mãe, nunca foi uma celebridade, um jogador de futebol... Entendi, mais tarde, que não sou do ambiente corporativo, que eu não seria genuinamente feliz nesse meio. Passei a buscar minha própria trajetória profissional e pessoal, entendendo que somos muito diferentes.

Eu me entendi uma pessoa trans não binária durante a pandemia. Desde que começamos a morar em países separados, criamos o ritual de nos falar por telefone pelo menos uma vez na semana. Foi em uma dessas ligações, de forma muito informal, que eu contei. A conversa foi mais ou menos assim: “Mãe, eu acho que sou uma pessoa trans não binária.” Ela disse: “Tudo bem.” Eu reagi: “Mas você sabe o que isso significa?”, ao que ela respondeu: “Eu não.” Expliquei que é quando a pessoa não se sente correspondida pela identidade de gênero que lhe foi designada ao nascer e não se identifica exclusivamente como homem ou mulher. Ela simplesmente falou: “Tá bom, e daí?”

Depois disso, não lembro para onde a conversa seguiu, mas entendi que o *e daí?* foi uma forma de expressar que nossa relação não mudaria nada. Ela abraçou quem eu sou e sinto que torce cada vez mais para que eu seja verdadeiramente eu. Sei que ela quer que eu siga meu caminho, que seja protagonista da minha história. Somos muito diferentes, mas com muitos valores de vida em comum.

O recado que eu deixo para a minha mãe é que eu tenho muito orgulho da sua trajetória e da figura que ela foi e é para mim. Apesar de todos os desafios da carreira, ela sempre esteve muito próxima de mim, até nos momentos em que não pôde estar por perto. Ela estava presente na sua fala, no seu companheirismo, na nossa troca. Tenho muito orgulho da mulher que ela é e de onde ela chegou, de ser sue filhe e de ter feito parte dessa trajetória. Ela é merecedora de tudo isso: foi muito chão percorrido. Eu amo minha mãe e estamos juntes nessa, sempre, para toda a vida!

Christiane

Christiane Furtado é carioca, mas já viveu nos Estados Unidos e na Austrália. Cursou Engenharia Química, com passagens em empresas de óleo e gás, na área de projetos de Engenharia e até nas obras das Olimpíadas em 2016. Hoje, é professora de inglês na Fundação Getulio Vargas. Mãe da Julia, 21 anos, e do Pedro, 14 anos.

O começo

Meu primeiro trabalho foi aos 15 anos. Dava aulas de inglês para filhos de amigos da minha mãe. Também dei aula em um curso por um tempo. Achava o máximo me verem como professora. Foi assim que eu comecei a querer trabalhar e ter meu dinheiro.

Em 1991, passei para Engenharia Química na Universidade Federal do Rio de Janeiro. Estudava no Fundão em horário integral, em uma época que não existia a Linha Amarela, só a Linha Vermelha. Uma loucura!

Comecei a estagiar quando ainda estava no primeiro período de faculdade; algo raro, pelo menos em Engenharia. Estagiei em diversas empresas e fui efetivada em uma companhia do setor de óleo e gás.

A chegada da Julia

Quando eu engravidei da Julia, em 2001, eu trabalhava há alguns anos nessa mesma empresa. Ganhava supermal, apesar de ter um cargo bom, porque, como entrei como estagiária, fui sendo promovida nos pisos mínimos. Naquele momento, pensei: "Não tenho condição de ter esse salário por muito mais tempo agora que vou ter uma filha."

Depois de seis meses de licença-maternidade, a empresa me deu um cargo em que eu precisava viajar toda semana, de terça a sexta, dando treinamento em cada um de seus postos de gasolina espalhados pelo Brasil.

Eu sentia que haviam me colocado naquele cargo como uma forma de me punir por ter saído de licença-maternidade. Era uma época bem mais difícil para as mulheres do que hoje em dia. Eu torcia para chegar logo em casa, mas, quando chegava, Julia estava com a babá e virava a cara para mim. Eu ficava para morrer! Eu tinha que esperar até que ela viesse falar comigo. Foi um período bem difícil, mas não podia parar de trabalhar naquele momento.

O tempo foi passando e meu relacionamento foi para o espaço. Quando me separei, em 2004, pensei: "Agora preciso ganhar melhor porque estou sustentando minha filha."

Novos desafios profissionais e desafios novos na maternidade

Após um ano nesse ritmo frenético de viagens, fui promovida a coordenadora, mas saí da empresa tempos depois. Dali em diante, consegui trabalhos em diferentes setores, como nas áreas de importação e exportação e de recrutamento. A cada mudança, meu salário aumentava, mas o equilíbrio entre o trabalho e a família era muitas vezes precário e precisei de apoio, sobretudo da minha mãe.

Trabalho e maternidade no outro lado do mundo

Eu e Fernando, meu atual marido, fizemos faculdade juntos, mas só nos reencontramos em 2005. Ele tem família na Austrália e um dia mencionou que havia recebido uma proposta para fazer doutorado naquele país.

Fui conhecer a família dele, deixando claro que eu só iria morar na Austrália se conseguisse ir a trabalho, porque tinha uma filha para sustentar. "Não tem como a gente se casar e eu abrir mão de tudo", falei. O jeito foi eu conseguir ser transferida. A empresa simplesmente topou abrir, na Austrália, a área em que eu trabalhava aqui no Brasil!

Casamos em 2006 e no ano seguinte fomos para a Austrália. Parti com a Julia, que estava com quatro anos, e com meu pai, que ficou nas duas primeiras semanas para ajudar a gente a se estabelecer. Nesse primeiro período, tive que resolver muitas coisas sozinha, inclusive toda a parte de aluguel e creche. Fernando chegou quase dois meses depois, pois estava esperando sair a licença do trabalho para fazer o doutorado. Ficou tudo mais fácil quando ele chegou, pois eu tinha alguém com quem dividir as responsabilidades.

Ficamos quatro anos na Austrália. A Julia não sabia falar inglês, mas aprendeu rápido e se tornou fluente. Sinto um enorme orgulho por ter conseguido dar a ela uma experiência de morar fora e de viajar para lugares do outro lado do mundo, como Japão, Fiji e Vietnã. Enfim, acho incrível ter podido proporcionar a Julia a possibilidade de adquirir uma cultura geral muito boa.

A volta para o Brasil e a chegada do Pedro

Depois de pouco mais de três anos na Austrália, Fernando e eu decidimos ter um filho. Eu já tinha mudado de emprego para uma oportunidade melhor na área de projetos de engenharia, com um salário mais alto. Mas, apesar do ótimo salário e de termos uma vida superconfortável, o sistema de saúde na Austrália era muito precário comparado ao sistema privado no Brasil.

Comecei a me preocupar com o acompanhamento da gravidez e o parto. Ouvi histórias de que muitas crianças nasciam com problemas devido a certos procedimentos hospitalares. Decidi que não queria ter um filho na Austrália, queria ter meu filho no Brasil.

Comecei então todo o processo de voltar. Fernando tinha terminado o doutorado, mas, como a empresa em que eu trabalhava não existia por aqui, juntei dinheiro e decidi que ficaria um ano em casa com o bebê e a Julia, que também estaria se adaptando nesse retorno. Quando voltamos, estava com uma barriga enorme de sete meses, na última semana em que era permitido viajar de avião grávida.

Chegamos no Brasil em 2010 e fiquei quase um ano em casa. Pude passar mais tempo com o Pedro do que eu tinha passado com a Julia quando ela nasceu. Porém, a verdade é que eu sentia muita falta de trabalhar. É horrível falar isso. Sentia falta de ter gente grande por perto para conversar sobre assuntos de gente grande. Ficar só com as crianças em casa o tempo inteiro era muito limitante para mim. Por outro lado, lembrava de que não havia sido legal voltar a trabalhar quando Julia era apenas uma bebê. Começar um novo emprego significa que você tem que se dedicar mais, e eu não queria viver com o Pedro o que eu vivi com a Julia.

Desafio olímpico

Poucas semanas antes de completar um ano em casa, fui chamada para trabalhar em uma agência que precisava de alguém que falasse inglês e espanhol durante o período pré-Olimpíadas.

Comentei com meu chefe que meu sonho era trabalhar na Empresa Olímpica com a Maria Silvia Bastos, uma mulher fantástica, forte, independente, alguém que eu via como uma inspiração. Foi nas obras das Olimpíadas do Rio 2016 que surgiu a oportunidade de trabalhar com ela.

Nessa época, às vezes eu saía de casa às 5h30 e só voltava às onze da noite, pois, além do trabalho em campo, precisava dar conta de toda a parte burocrática. Por isso, em alguns períodos, eu só via as crianças no final de semana. Meus pais, os sogros e a babá foram fundamentais nesse período.

Foram quatro anos assim, nesse esquema louco, completamente diferente da rotina que eu tinha na Austrália, onde todo mundo sai no horário certo e trabalhar até tarde é considerado uma falta de competência, seja porque você não contratou as pessoas certas para sua equipe ou porque você não conseguiu fazer o seu trabalho a tempo. Lá, às 18 horas, no máximo, eu já estava em casa. Eu realmente fui de 0 a 100 em termos de presença no trabalho e ausência em casa. Mas depois das Olimpíadas, aconteceu o contrário: fui do 100 ao 0, de novo.

Do cem ao zero: as coisas boas e ruins

Quando o projeto das Olimpíadas terminou, o Rio de Janeiro estava em recessão, sem muitas oportunidades. Decidi que iria colocar a vida em dia, ficar com as crianças, cuidar da minha saúde e resolver o que estava pendente. Acreditava que, depois que estivesse tudo em ordem, a economia já estaria melhor e eu poderia voltar ao mercado.

Nessa época, uma mãe da escola chegou perto de mim e disse: "Poxa, você está desempregada?" Eu respondi: "Sim, por quê?" Ela me contou que o filho dela tinha perguntado em casa por que ela não ficava desempregada também. "A mãe do Pedro está desempregada e tem tempo para brincar, sair, levar e buscar ele na escola!" Isso, na cabecinha deles, era a melhor coisa que poderia acontecer. Ela chorou me contando essa história e eu só consegui responder: "Desculpa, não foi minha intenção ficar desempregada!" Pedro tinha entre quatro e cinco anos.

Nesse momento, decidi abrir a minha própria empresa. Bem ou mal, o trabalho nunca foi muito exigente em termos de horários, como foi o projeto das Olimpíadas. Também há épocas em que se ganha bem e em outras, nem tanto. Por isso, a gente aprende a guardar um pouquinho. Até cheguei a trabalhar em uma empresa novamente por sete meses, mas não deu certo. Depois que você trabalha por conta própria, é mais difícil se readaptar.

A verdade é que, por mais que eu tivesse casado de novo, Julia era minha responsabilidade. Enquanto eu trabalhava e ganhava bem, as contas eram divididas igualmente: eu pagava as despesas dela e as minhas, enquanto Fernando pagava as despesas dele e as do Pedro. Sempre deixei muito claro para a Julia que, se precisasse de dinheiro ou de qualquer coisa, ela deveria pedir para mim. Quando eu parei de trabalhar, Fernando me apoiou, mas como não tenho mais essa regularidade para assumir a metade das contas todos os meses, minha contribuição, quando possível, é usar o dinheiro que ganho para viajar ou para coisas mais supérfluas.

O trabalho muito além do salário

Acredito que, quando você está trabalhando, torna-se uma pessoa mais interessante, porque lê mais, está mais exposta a interesses múltiplos. Gosto de estar na linha de frente, lidando com coisas diferentes. Por isso, sinto falta de não estar em um ambiente de trabalho com outras pessoas.

Hoje em dia, voltei a dar aula de inglês, agora para universitários, mestrandos e, às vezes, doutorandos, pessoas que têm interesse em saber mais, então eu aprendo muito com eles também. Não era algo que eu gostava tanto, mas hoje em dia eu gosto e, por isso, não estou desesperada para voltar a trabalhar em escritório.

Como não dou aulas todos os dias, consigo encaixar a rotina do Pedro. Com a Julia, não me preocupo mais, pois ela cresceu e agora mora na Argentina.

Também estou fazendo cursos e aproveito o meu tempo para me atualizar, me preparar para entrar no mercado de novo, talvez em áreas diferentes.

O que eu espero para a caminhada deles

Em primeiro lugar, tem que ser feliz, sabe? Se a gente passa a maior parte do nosso tempo trabalhando, mais até do que em casa, tem que ser com algo que te faça bem.

Segundo, tem que pensar que, se você está feliz com a vida que tem hoje, é preciso fazer algo que te permita sustentar essa condição. Mas também é importante ter a percepção de que só o dinheiro não traz felicidade. Traz paz de espírito, traz toda a parte material, mas não é sinônimo de felicidade.

Quero que meus filhos procurem esse equilíbrio, que saibam pesar os prós e os contras e que percebam que o trabalho é importante para que a gente se mantenha um ser único: emoção e razão, tudo junto. Espero que consigam atingir isso.

Julia hoje está cursando Medicina. Acredito que, quem faz Medicina, tem uma vocação. Ela terá trabalho para a vida toda, em qualquer lugar do mundo. Pedro ainda me preocupa, não sei bem o caminho que vai trilhar. Ele é novo, tem 14 anos, mas sabemos que o tempo passa rápido.

Sobre trabalhar e ser mãe: duas partes que se completam

Trabalhar e ser mãe... É importante fazer as duas coisas bem, desde que nenhuma delas extrapole a outra. Aquela mãe que não tem outras preocupações pode se tornar uma mãe superprotetora, supercuidadosa, super, super, super! Mesmo que eu tivesse tido tempo de ser assim, eu não gostaria de ser essa mãe superprotetora. Tudo tem uma medida.

Por conta do trabalho, sou uma pessoa que coloca os pingos nos is, muito prática, muito mais *pá pum*! Trouxe isso do trabalho para a maternidade. Já a maternidade me deu a possibilidade de interagir com várias faixas etárias, de ter um pouco mais de empatia. Isso me deu uma visão mais ampla também para o trabalho, como a compreensão da equipe, por exemplo. Já tive equipes com gente da idade da Julia, um pessoal novinho que eu já sei o que vai dizer. É muito engraçado, eu penso: "Entendo, minha filha também não gosta disso."

Julia é preocupada com as pessoas, e eu sou mais racional. Então, ela me complementou, me ensinou muito nessa minha trajetória de mãe. Já o Pedro é carinhoso e diz que eu sou muito ríspida. Ele me ensina sempre no dia a dia a ter um pouco mais de paciência. Acredito que os filhos vêm para nos ensinar muita coisa.

Hoje, o que eu diria para outras mulheres é para não se sentirem culpadas. Você pode trabalhar e pode ser mãe. Julia se lembra muito pouco das partes negativas, das ausências. A criança tem resiliência. Quem sofre mais somos nós.

O importante é ser fiel aos nossos sentimentos. Se você acha que trabalhar e ser mãe está dando certo, ótimo. Porém, se de alguma forma você estiver sofrendo muito mais do que acha que deveria, também não tem problema em dar um tempo, em trabalhar menos, em dar um passo atrás ou até parar de trabalhar. A gente também não tem que ter vergonha disso. Só não se sinta culpada, porque no final dá tudo certo.

Julia, 21 anos

Da última vez que minha mãe esteve em Buenos Aires, conversamos sobre quando eu era bem pequena. Eu nunca tinha parado para pensar nas dificuldades que ela teve quando nasci, para coordenar o trabalho e tudo mais. Nunca reparei o quanto ela se estressava por chegar tarde durante a semana quando eu ficava com a babá.

Na época em que eu nasci, a gente se mudou, ela se divorciou do meu pai, então foram muitas coisas ao mesmo tempo, além de ela ainda ter que trabalhar. É bastante coisa, é muito doido de pensar.

Eu tenho algumas memórias da minha infância na Austrália, mas não me lembro da minha mãe trabalhando. Tenho o sentimento de que ela era muito mais tranquila na Austrália, tinha mais tempo de fazer coisas com a gente, chegava mais cedo em casa. Quando voltamos para o Brasil, tudo mudou. Ela então teve o Pedro e parou de trabalhar. Ali eu comecei a ver a diferença do que era minha mãe trabalhando e não trabalhando.

Talvez minha memória misture um pouco as coisas, mas do que eu tenho certeza é que foi um baque chegar no Brasil. Além do nascimento do meu irmão, tive que trocar de escola... Depois de um tempo, ela trabalhou nas Olimpíadas. O Fernando também trabalhava muito, então a gente passava muito mais tempo em casa com a babá. Era sempre assim: eu via minha mãe com a roupa do trabalho quando eu descia para pegar o ônibus e só a via de novo à noite.

Acho que me acostumei muito rápido, pois estudava em tempo integral e ainda tinha um monte de atividades depois da escola. Por volta das oito da noite, minha mãe chegava em casa. Não adorava essa situação, mas não ficava chateada. Lembro que eu sentia falta dela; esperava o final de semana chegar logo para a gente passar tempo juntas.

Para falar a verdade, o que me incomodava mesmo, mais do que minha mãe trabalhar muito, era ela dar mais atenção ao Pedro! Ela passava o tempo todo fora e, quando chegava em casa, dizia: "Fica quieta que eu vou botar ele para dormir." Então era mais isso que me incomodava.

Assim que minha mãe parou de trabalhar, eu e Pedro achamos bom. Eu estava competindo com o tempo que minha mãe dedicava ao trabalho e ao meu irmão. Sem o trabalho, ela passou a me buscar na escola, a me levar para a aula de balé... Eu tinha muito mais tempo com ela e senti bastante a diferença.

Aos poucos, eu também percebi o quanto ela estava triste por perder o trabalho. Comecei a entender que não é só para mim que a minha mãe vive. Eu parei de pensar: "Ah, que bom que agora minha mãe vai poder me buscar na escola", e comecei a pensar: "Tomara que ela consiga organizar as coisas para voltar a trabalhar", por mais que eu soubesse que não receberia tanta atenção caso ela voltasse.

Depois que ela ficou desempregada, percebi o quanto ela gostava e fazia questão de trabalhar. Começamos a conversar mais sobre isso, eu já era maior e pude perceber a importância de ter um bom trabalho e de conseguir me sustentar.

Minha mãe me influenciou muito. Sempre pensei em estudar fora, mas não seria uma prioridade para mim se ela não tivesse constantemente ressaltado o benefício enorme que foi a experiência de morar na Austrália, de ter conhecido tantos países e de ter estudado em uma escola americana. Tudo isso certamente abriu muitos caminhos para que eu pudesse fazer faculdade fora do Brasil, o que só foi possível porque ela trabalhava.

Sempre desejei ter uma carreira que eu não apenas gostasse, mas que fosse um desafio e que assegurasse o meu futuro. Creio que passei a pensar assim ao ver o quanto ela valorizava o trabalho. Digo isso comparando com amigas que foram muito influenciadas por coisas do tipo "Ah, faz o que você quiser..." Não é que minha mãe não dissesse isso, mas acho que o fato de ter visto esses dois momentos, ela desempregada e trabalhando com gosto, e como era esse trabalho que sustentava a gente, eu mudei a forma como eu pensava.

Estou no começo da faculdade, indo agora para o quarto período, final do segundo ano. Tenho minhas dúvidas, gosto muito de algumas especialidades, como cardiologia, dermatologia... Mas estou muito aberta ainda.

Eu sou grata pelo tempo em que minha mãe ficou em casa, embora tenhamos passado uma época um pouco turbulenta na minha adolescência. Ela não me entendia por que, além de eu estar em um momento em que tudo é o fim do mundo, eu também sou uma pessoa muito sensível, até hoje. Minha mãe já é mais racional, vê tudo como se fosse preto no branco.

Nessa época, ela também estava frustrada e um pouco impaciente, pelo menos do meu ponto de vista, buscando trabalho e não querendo estar em casa. A gente também estava meio impaciente com ela, porque não sabia lidar com toda essa situação.

Por mais que não tenha sido a melhor época, foi muito bom termos passado esse tempo juntas para a gente se entender melhor. À medida que ela estava aprendendo a não focar só no trabalho, eu também estava aprendendo a ver as coisas de uma forma mais racional. As duas trajetórias foram se complementando.

Pedro, 14 anos

Sinceramente, não sei muito sobre o trabalho da minha mãe. Sei que, quando eu tinha quatro anos, ela trabalhou nas Olimpíadas, mas não me lembro dessa época. Esse trabalho foi bem marcante porque ela sempre fala: "Sabia que a mamãe trabalhou nas Olimpíadas?" Minha mãe não conta muito sobre o trabalho em si, mas também nunca perguntei, né?

Depois das Olimpíadas, ela ficou um tempo sem trabalhar, e era meu pai quem sustentava a casa. Mas agora minha mãe é professora de inglês na Fundação Getulio Vargas e já está ajudando bastante meu pai, sabe?

Lembro que, quando ela não trabalhava, ela dava mais atenção para mim. Hoje em dia, ela trabalha uma parte em *home office*, mas também sai para dar aula.

É bom ter uma professora de inglês em casa, né? Quando eu estudava na escola americana, isso ajudava bastante. Agora já sou muito bom. Ela é uma boa professora, os alunos gostam muito dela.

O bom de ela estar em casa também é que ela me ensina a cozinhar. Quando falo: "Ô, mãe, tô com vontade de comer isso aqui", ela prepara. Quando eu começo a pedir muito, chega uma hora em que ela fala: "Pô, Pedro, não vou fazer toda hora pra você. Eu vou é te ensinar a fazer." Hoje, por exemplo, fiz uma crepioca de café da manhã, e ficou deliciosa.

Ela também se vira para me levar nos treinos de basquete. Às vezes, tenho que ir com ela para as aulas de inglês para dar tempo de eu chegar no treino. Nesses dias, eu até ajudo os alunos dela, mas também aprendo com eles.

Eu gostaria de me profissionalizar em ser jogador de basquete, mas acho que não vou conseguir. Minha mãe e meu pai acham que eu devo focar nos estudos. Quando eu falo que quero ser uma coisa, minha mãe responde: "Pô, isso? Não acho que seria bom para você." Então, acho que vou ser engenheiro, igual aos meus pais. Provavelmente serei engenheiro civil, área que eu gosto muito.

Mesmo sem saber muito sobre o trabalho da minha mãe, ela é um exemplo para mim. Eu sempre tento impressionar ela. Quando estou demorando a terminar alguma coisa, eu penso: "Pô, ela se esforçou tanto, por que eu não posso me esforçar um pouquinho só para terminar isso?"

Ela se esforçou tanto para estar onde está, sabe? Para ter nossa casa, o trabalho dela e a família. Por isso eu te amo muito, mãe. Você é muito importante para mim, e sem você não sei o que eu faria.

Cristina

Cristina Ramos nasceu no Rio de Janeiro e, aos 12 anos, mudou-se para Londres, onde se graduou em Direito pela Queen Mary, Universidade de Londres, em 2002. De volta ao Brasil, iniciou sua carreira no departamento jurídico da Souza Cruz. Com o desejo de expandir seu escopo de atuação, migrou para o escritório então chamado Souza, Cescon, Barrieu e Flesch, quando teve o seu primeiro contato com o mercado de óleo e gás. Em 2014, ingressou na Seadrill, onde hoje é *Area Director*, liderando as operações no Brasil.

Mãe do Pipo, 8 anos, e da Lulu, 6 anos.

O Direito como uma janela de oportunidades

Curiosamente, minha carreira começou no Direito, embora nunca tenha sido uma paixão arrebatadora. Escolhi esse caminho por eliminação. No começo, achei que eu queria seguir a área de Comunicação. Não encontrei ali algo que fizesse os meus olhos brilharem, então resolvi estudar História, que me fascinava, mas não via uma carreira prática para mim. Foi quando escolhi o Direito, mais como uma forma pragmática de me encaixar no mercado. Não que eu odiasse o Direito, só que nunca foi um sonho de infância ser advogada. Encarei mais como uma forma de aproveitar o que a profissão poderia me ensinar ao longo do caminho, e acabei sendo muito feliz nessa área.

Em 2002, após terminar a faculdade em Londres, retornei ao Brasil com minha família e comecei minha carreira no departamento jurídico da Souza Cruz, atuando na área de propriedade intelectual, com uma forte interação com o departamento de marketing. Participei das estratégias de proteção das marcas e patentes da empresa, o que foi uma excelente oportunidade para entender a importância da marca em um mercado tão competitivo como o de tabaco.

Em 2006, ingressei no escritório Souza, Cescon, Barrieu e Flesch (hoje Cescon Barrieu), no Rio de Janeiro, atuando em operações de mercado de capitais, fusões e aquisições e financiamentos de projetos estruturados, o que marcou meu início no setor de óleo e gás. Cinco anos mais tarde, surgiu a oportunidade de integrar a Nova Investimentos, uma gestora de fundos de energia. Um dos momentos mais marcantes foi participar de um grande projeto de energia eólica, que acompanhei desde o início, negociando cada detalhe, até a venda final para um grande banco. Foi uma experiência que me deu uma visão mais completa sobre o significado e o impacto das operações para quem é da empresa, com um olhar de *dono,* e não de assessor externo.

Minha trajetória deu mais um passo significativo em 2014, quando aceitei o convite para criar o departamento jurídico da filial brasileira da Seadrill, uma das maiores empresas de perfuração de petróleo do mundo. Retornei ao setor de óleo e gás, que sempre me fascinou, talvez influenciada pelo meu pai e minha irmã, que também seguiram carreira nesse campo. Ali, mergulhei em negociações intensas e aprendi muito, especialmente durante o período turbulento do *crash* mundial do petróleo, que no Brasil foi exponenciado pelos impactos da Operação Lava-Jato. Foi um momento difícil, mas que me fez crescer muito.

Em 2016, veio meu primeiro filho e, em 2018, quando eu estava prestes a dar à luz a minha segunda filha, fui promovida para coordenar os assuntos jurídicos da Seadrill em todo o Hemisfério Oeste, cuidando não só do Brasil, mas também dos negócios no México, nos Estados Unidos e no Canadá.

No início de 2020, decidi que queria expandir ainda mais meu papel na área de gestão e assumi o cargo de *Area Director* da Seadrill no Brasil. Era um passo significativo – sair de uma atuação focada no jurídico para gerenciar todo o negócio da empresa no país. A ideia para minha migração de carreira era que eu começaria devagar, já que naquele momento tínhamos apenas uma sonda em operação. Contudo, logo veio a pandemia. Tudo mudou e o desafio se multiplicou. Mesmo assim, conseguimos seguir adiante e crescemos bastante desde então. Hoje, temos seis sondas em operação no Brasil, o que é um marco na história da Seadrill no país. Essa evolução só reforça o quanto o setor de óleo e gás é dinâmico, desafiador, mas também cheio de oportunidades de crescimento.

Para quem não sabe, a operação nunca para: as plataformas funcionam 24 horas por dia, sete dias por semana, sem exceção. Se algo der errado de madrugada ou em um final de semana, eu preciso estar disponível, mesmo estando em terra. Com o tempo, fui aprendendo a lidar com a realidade operacional, apesar de eu não ter o *background* técnico do equipamento ou mesmo das operações. O trabalho tem seus desafios e suas recompensas. Quando vejo que consegui ajudar a manter uma operação segura, quando tudo dá certo, a sensação de dever cumprido é enorme.

O início do trabalho com sondas foi um choque. Tudo era novo para mim. Eu entrava nas reuniões e simplesmente não entendia metade do que estavam falando. Lembro claramente de sair de uma dessas reuniões e pensar: "O que estou fazendo aqui? Será que vou dar conta?" Foi assustador, porque, apesar de ser uma profissional experiente em outras áreas, era como começar do zero. No fundo, sempre tive essa vontade de aprender, de me desafiar. Eu sabia que, com o tempo, eu conseguiria entender e até agregar valor àqueles assuntos.

Foi exatamente o que aconteceu. Comecei a me sentir mais à vontade, consegui entender os termos técnicos e as operações das sondas. O que no início parecia um bicho de sete cabeças passou a ser parte da minha rotina. Hoje, eu falo com segurança sobre o que faço, e é algo que me dá muito orgulho. É incrível ver como a gente cresce quando se permite sair da zona de conforto e aprender coisas novas.

A maternidade e a liderança de pessoas

Quando assumi uma posição de liderança, percebi que estava diante de um novo cenário. Liderar pessoas é muito mais difícil do que liderar processos. No início, o medo de falhar era constante. Eu pensava: "Será que vou conseguir guiar essa equipe? Será que vou ser uma boa líder para eles?" A vida me ensinou que liderança não é sobre saber tudo, e sim sobre inspirar, ouvir e orientar. De certa forma, eu já fazia isso como mãe.

Como líder, eu aprendi que cada pessoa tem suas próprias necessidades e formas de trabalhar. O importante é estar atenta a essas diferenças e ajudar cada um a crescer no seu ritmo. No trabalho, assim como em casa, ser uma boa ouvinte e saber fazer as perguntas certas faz toda a diferença. Essa habilidade de entender e apoiar as pessoas foi algo que a maternidade me ensinou.

Hoje, na minha posição, a segurança das operações é o nosso principal valor. A preocupação com o bem-estar das pessoas, seja no trabalho ou em casa, está sempre presente. Eu costumo dizer que o objetivo é que todos voltem para casa da mesma forma ou melhor até do que chegaram ao trabalho.

Vejo meu trabalho como uma oportunidade de impactar a vida das pessoas de maneira positiva. Saber que posso fazer a diferença, ajudando a manter as operações e a vida das pessoas seguras, é o que me faz levantar todos os dias com energia para continuar.

Será que estou fazendo o suficiente?

Para que tudo funcione, conto com uma rede de apoio incrível. Ninguém consegue fazer tudo sozinho, e eu não sou exceção. Tenho duas babás maravilhosas que cuidam dos meus filhos enquanto trabalho, e elas foram absolutamente essenciais durante a pandemia quando o trabalho remoto e as demandas de casa aumentaram ainda mais. Eu sei que, sem essa ajuda, seria impossível dar conta de tudo.

Além das babás, minha família também ajuda muito, o que me traz uma sensação de segurança enorme. E claro, o Luís Felipe, meu marido, sempre foi um grande parceiro. Eu sou aquela que organiza o dia a dia, mas sei que posso contar com ele nos momentos em que realmente preciso.

Mesmo com toda essa estrutura, a culpa é uma constante. Sabe aquela sensação de que você nunca está fazendo o suficiente? É isso. "Ah, a culpa... essa companheira constante!", eu brinco, mas é a verdade. Cada vez que preciso viajar, cada vez que passo mais horas no escritório, sinto uma pontada de culpa. Será que estou deixando meus filhos de lado? Será que estou priorizando demais o trabalho?

Eu lembro de uma viagem que fiz quando o Pipo tinha apenas dez meses. Fui fazer um curso na London Business School e fiquei fora por um período mais longo. Durante esse tempo, ele parou de mamar. Foi devastador para mim. "Será que eu causei isso?", pensei. O peso dessa culpa ficou comigo por muito tempo. Quando a Lulu nasceu, curiosamente, aos nove meses ela também parou de mamar. Dessa vez eu não estava viajando, o que me fez perceber que talvez eu não fosse a culpada, talvez fosse apenas o tempo natural deles.

Eu tento, de todas as maneiras, minimizar o impacto das minhas viagens na vida das crianças. Uma coisa que faço desde que eram pequenas é colocar um calendário na geladeira. Elas vão colorindo os dias que passam, o que as ajuda a entender melhor quanto tempo ainda falta para eu voltar. Também tento sempre trazer um presente das viagens, para que associem minha ausência a algo positivo.

Embora eu não me ausente tanto assim, quando viajo, são trajetos longos, para lugares como Houston ou Dubai. Meus filhos reclamam, apesar do meu esforço para minimizar a falta da melhor maneira possível. No fim das contas, o mais importante para mim é que eles saibam que, apesar das ausências, eu sempre estarei lá para eles.

Nem sempre dá para equilibrar tudo

Eu vivo um desafio constante entre ser mãe e uma profissional dedicada. Tenho dois filhos, o Pipo e a Lulu, e, ao mesmo tempo, tenho uma carreira em uma área muito exigente, que é o setor de óleo e gás. Algumas vezes, sinto que estou equilibrando vários pratos ao mesmo tempo, tentando ser a melhor mãe para os meus filhos e dar meu máximo no trabalho. "Será que estou conseguindo dar conta de tudo?", me pergunto. Esses dois papéis se entrelaçam o tempo todo, porque as habilidades que aprendo como mãe muitas vezes se aplicam no trabalho, e vice-versa.

Com o tempo, fica mais fácil. As crianças crescem, e a forma como lidam com minha ausência vai mudando. Hoje em dia, já estão mais independentes, me mandam mensagens no WhatsApp ou me surpreendem dizendo: "Não precisa ligar, mãe, está tudo bem." É reconfortante, porém, a verdade é que a culpa nunca desaparece completamente.

Para outras mães que estão nessa jornada, o que posso dizer é: "Não se cobrem tanto." Ninguém consegue conciliar tudo com perfeição e a ideia de que podemos ter uma vida profissional e pessoal impecavelmente equilibrada é um mito. Vai haver momentos em que o trabalho exigirá mais e momentos em que a família será prioridade. O importante é dar o melhor de si em cada situação, sem se deixar consumir por expectativas irreais.

Aprender e se desafiar sempre

Quando olho para trás, vejo que minha carreira foi cheia de mudanças. Não segui um caminho fixo, e foi uma das melhores decisões que tomei. Sempre busquei novas oportunidades e desafios, e espero que meus filhos se inspirem na minha trajetória e nunca tenham medo de mudar de direção quando necessário. Não quero que sintam que precisam se apegar a um plano rígido.

A vida é feita de escolhas, e, muitas vezes, alterar a rota pode levar a grandes descobertas. Essa é a mensagem que deixo para meus filhos e para outras mães: qualquer que seja o caminho que escolherem, que seja algo que faça sentido para vocês, que traga crescimento e significado. No final das contas, o trabalho é parte de quem somos e deve nos ajudar a sermos pessoas melhores.

Sei que a jornada não é fácil, mas vale a pena. A chave é nunca perder a curiosidade e o desejo de aprender.

Pipo, 8 anos

Eu entendo mais ou menos o que a mamãe faz. Ela trabalha com sondas, e antes disso ela era advogada. Na verdade, ela ainda é advogada, mas agora é chefe também. É um trabalho importante, e eu sei que ela gosta, mesmo que às vezes pareça cansativo. Quando a mamãe viaja, eu entendo que ela está trabalhando para ajudar a nossa família, e isso é importante. Eu gosto de quando ela fica em casa, mas sei que ela precisa viajar e fazer o trabalho dela.

Quando a gente foi no trabalho dela no Dia das Crianças, foi muito legal. Tinha brinquedos e comida, mas eu sei que o trabalho dela não é só diversão. Ela fica muito séria quando está no escritório. Outro dia, vi ela trabalhando em casa e até falei *hello* quando ela estava em uma reunião em inglês. Ela disse que não precisava falar inglês porque todo mundo era brasileiro, mas foi engraçado.

De vez em quando, penso no que a mamãe faz e percebo que deve ser bem difícil. Ela já me contou que às vezes precisa demitir pessoas. Ela tenta conversar e ajudar, mas nem sempre funciona. Mesmo sendo difícil, ela disse que trabalha porque quer que as pessoas se sintam bem no trabalho, assim como ela gosta de se sentir. Isso é bem legal, mas eu não gostaria de fazer o que ela faz quando crescer. Eu quero ser jogador de futebol!

Eu e a Lulu gostamos muito da nossa mãe, e a gente sabe que o trabalho dela é importante para todo mundo aqui em casa. Mesmo que

ela viaje bastante, ela sempre volta, e é isso que importa. Acho que o que ela faz é importante, mas eu prefiro ficar com ela aqui, jogando bola ou brincando juntos.

Lulu, 6 anos

Nossa mãe trabalha muito, e eu acho que ela gosta bastante do trabalho dela. Pipo fala que ela era advogada antes, mas agora é chefe. Ele entende mais dessas coisas do que eu. Eu só sei que ela trabalha nas sondas, que são navios enormes. Se eu queria que ela ficasse mais em casa? Eu gosto quando ela fica em casa, mas também gosto quando ela viaja, porque ela traz presentes! Às vezes, ela não pode ficar muito tempo com a gente, mas eu sei que ela sente saudade. Quando ela está aqui, é sempre bom.

Toda hora eu vejo minha mãe falando em inglês quando está em reunião, e é engraçado porque eu não entendo muito bem o que ela está dizendo. Ela fica no escritório, falando com gente de outros países. Pedro diz que ela tem que ser mais séria no trabalho, mas acho que ela não acha chato. Acho que ela gosta, mesmo quando parece difícil.

Eu lembro uma vez que fomos visitar o trabalho dela no Dia das Crianças. Foi bem legal! Tinha brinquedos e comida no escritório. Ela disse que vai mudar de escritório, e eu perguntei se vai ter brinquedos de novo, porque foi a melhor parte. Mesmo assim, eu prefiro que ela fique em casa. Eu perguntei como é a sonda em que ela trabalha, e ela disse que é um navio enorme, com academia, restaurante e até café! Eu fiquei pensando como seria legal visitar um lugar assim.

Flavia

Flavia B. de Almeida é administradora de empresas, possui MBA pela Harvard Business School e especialização em liderança pelo Insead, na França. Atualmente, é conselheira da Península Participações, empresa de investimentos da família Abilio Diniz, onde foi CEO até 2024. Também integra o conselho de administração de diversos grupos, como o Grupo Carrefour da França e do Brasil, a Ultrapar S.A., entre outros. Entre 2011 e 2017, Flavia foi a única pessoa de nacionalidade brasileira que participou do *Board of Overseers* da Universidade de Harvard, nos EUA. Em 2023, foi eleita pela *Bloomberg Línea* uma das 50 Mulheres de Impacto da América Latina.

Mãe do Daniel, 27 anos, e do José Renato, 23 anos.

Em busca da vida integral

O trabalho é uma parte essencial da minha vida. Faz parte de como escolhi viver essa jornada e que me proporciona muitos aprendizados – sobre pessoas, situações, desafios e transformações. Não me vejo sem trabalhar.

Acho que o grande desafio, para qualquer carreira, seja executiva, médica, jurídica ou jornalística, é encontrar uma vida integral. Para mim, isso sempre incluiu a maternidade, e tive a sorte de encontrar meu parceiro cedo e compartilhar esse desejo de construir uma família. Ser mãe faz parte do meu projeto de vida, e é uma experiência que me faz enxergar o mundo de uma nova maneira. A maternidade me ensinou muito sobre tolerância, escuta, adaptabilidade e resiliência – qualidades fundamentais para a gestão de pessoas e para a construção de times. Acredito que esses aprendizados são muito relevantes. Sou uma pessoa determinada, mas, antes, essa determinação atropelava um pouco a dinâmica ao redor. Ser mãe me fez parar, esperar e acolher mais. Trouxe à tona um lado meu menos lógico e mais emocional, no bom sentido. Isso não significa que me tornei menos exigente, mas sim mais compreensiva.

Embora o ambiente profissional hoje esteja mais receptivo, o momento mais difícil para mim foi o retorno ao escritório após as licenças-maternidade. Antes de ser mãe, eu era *workaholic*. Ainda sou bastante intensa, mas mudei meu ritmo, minha aceleração e até minha trajetória profissional. Redirecionei a minha carreira por causa da família, e não me arrependo.

Estratégias para conciliar trabalho e maternidade

Sempre que decidimos seguir um caminho, deixamos muitos outros para trás. Por isso, é essencial pensar não apenas no presente, mas na trajetória que queremos para a nossa vida. Quando surge a vontade de ter filhos, por exemplo, muitas vezes pensamos que não é o *momento ideal*. Esse momento, no entanto, não existe. Temos limitações biológicas que devemos enfrentar, e a ciência e a tecnologia podem ajudar, mas ainda assim essas limitações são reais.

Quando engravidei do Dani, minha primeira gravidez, não era o momento perfeito nem econômica nem profissionalmente, mas era o momento certo para mim. Com um pouco de coragem e sorte, encontramos o nosso caminho.

Uma rede de apoio também é essencial. Seja na maternidade solo, em um casal tradicional ou homoafetivo, é imprescindível contar com essa rede, que pode incluir amigos, familiares e profissionais, inclusive a escola. Por outro lado, ela não substitui o papel dos pais. Creio que até os filhos completarem oito ou nove anos é o período mais complicado, quando estamos negociando internamente quais pratos conseguimos manter girando e quais vão cair.

Além disso, nada na vida é totalmente linear. Precisamos aceitar que haverá momentos de aceleração e outros de desaceleração. Por exemplo, com as duas gestações, meu tempo para alcançar certas promoções foi mais longo em comparação com alguns colegas homens. Na época, isso doeu; não porque eles não mereciam, mas porque senti que eu também merecia a promoção *apesar* da maternidade. Por outro lado, esses momentos de espera não fizeram diferença alguma a longo prazo. Hoje, vejo que o que ganhei ao ter meus filhos foi muito mais valioso do que ter sido promovida um ano antes.

Outro ponto importante é a escolha do ambiente de trabalho. É fundamental estar em locais que acolham sua realidade familiar e pessoal – seja para cuidar dos filhos pequenos ou de pais idosos, seja para enfrentar qualquer outra situação complexa. Escolher o ambiente certo, não só a empresa, mas o time, as lideranças e colegas, pode fazer toda a diferença.

Lembro de uma prática importante que adotei quando meus filhos eram pequenos. Na época, a tecnologia não era tão avançada, não havia o Zoom, por exemplo. Fiz um acordo com meus times: nas manhãs, trabalhava de casa, concentrada em tarefas individuais e intelectuais, enquanto ainda amamentava. No início da tarde, eu estava presencialmente com eles. Essa estratégia funcionou muito bem, pois todos sabiam do meu compromisso com o trabalho e respeitavam minha rotina. Essa clareza e esses acordos foram fundamentais para manter a harmonia entre minha vida pessoal e profissional.

Igualdade se aprende em casa

Sinto uma grande satisfação em ver meus filhos crescendo e se tornando pessoas com suas próprias vidas e escolhas. Acho que ambos são feministas, pois têm orgulho do feminino que veem como exemplo em casa. São muito mais focados na igualdade de condições. Eles valorizam o progresso das mulheres e buscam relacionamentos em que suas companheiras estejam no mesmo patamar de condições.

Uma das poucas vezes em que fui chamada na escola foi porque um deles, com uns oito anos, brigou com um colega. Perguntei por que ele tinha feito isso, e ele me respondeu: "Mãe, ele disse que era ruim mãe que trabalha." Esse gesto reflete o modo como eles enxergam o mundo, com a mentalidade de igualdade que veem aqui em casa.

Em reuniões escolares, Rodrigo, meu marido, e eu íamos juntos, o que era raro na época. Ele geralmente era um dos poucos homens na sala. Hoje, isso tem mudado um pouco, mas ainda é significativo. Nossos filhos cresceram em uma dinâmica de família colaborativa e participativa, como algo natural, sem sentirem que isso os torna menos competitivos no mercado de trabalho – e talvez esse sentimento nem passe pela cabeça deles.

Avanços

Hoje, percebo políticas empresariais mais sensíveis e claras, especialmente em relação à licença-maternidade e paternidade. Muitas empresas já ampliam a licença-paternidade além do previsto por lei, o que é fundamental, pois é um momento em que a mãe realmente precisa do apoio do pai, e o pai precisa estar também no seu momento de família. Vejo essas mudanças como positivas e alinhadas às necessidades das famílias.

Outro avanço importante é a flexibilidade no trabalho. O *home office* se consolidou, principalmente após a pandemia, e há cada vez mais opções de horários adequados a cada caso, inclusive para cargos de gestão. A carreira também vem sendo tratada de forma mais equilibrada, sem tantas disparidades de progressão como as que experimentei no passado.

A diversidade no time e a importância de respeitar as necessidades pessoais estão mais em pauta, e hoje muitas empresas compreendem que os limites entre trabalho e casa estão cada vez mais tênues. Antes, havia uma separação clara entre o expediente e a vida pessoal, mas, atualmente, trabalhamos em horários variados, inclusive aos fins de semana.

Essa flexibilidade exige cuidado, e algumas empresas já adotam políticas para limitar o uso de aplicativos de mensagens e e-mail corporativo fora do expediente, para evitar a sobrecarga. O respeito ao tempo pessoal também é algo recente, possibilitado pela tecnologia, pelas leis e pelas próprias políticas empresariais.

São políticas destinadas não apenas para mulheres, mas para toda a família. No entanto, percebo que muitos homens se apropriam pouco dessa discussão. Eles têm receio ou até vergonha de dizer que estão saindo do trabalho para levar o filho ao médico ou participar de uma reunião escolar. Já as mulheres, especialmente as mães, fazem isso com naturalidade. No meu time, várias mulheres com filhos pequenos me avisam quando precisam ajustar o horário para cuidar das crianças. Entre os homens com participação ativa na criação dos filhos, porém, é raro que façam o mesmo.

Esse papel paterno nas rotinas familiares ainda enfrenta muitos estereótipos. Precisamos quebrar esses paradigmas e permitir que os homens assumam mais ativamente esse papel. Em particular, acho um desafio para executivos seniores abraçarem essa posição. É difícil encontrar um executivo de alto nível casado com uma mulher que também tenha uma carreira acelerada. Em muitos casos, essas esposas abriram mão de suas próprias trajetórias profissionais, o que sinaliza que ainda temos um longo caminho para alcançar a verdadeira equidade.

Expectativas

A gente sempre projeta expectativas nos filhos, mas é preciso tomar muito cuidado para não interferir na individualidade deles. Hoje, entendo muito mais as decisões deles e as acolho.

No início, não foi fácil. O Dani, por exemplo, optou por um caminho bem diferente do meu. Ele fez Direito e pensei: "Ah, quem sabe ele vai para Societário ou para o setor de M&A[5]?". Mas essas

---

5 Sigla para *mergers & acquisitions*, que significa fusões e aquisições.

áreas não tinham nada a ver com ele. Dani escolheu o Direito Penal, o que me surpreendeu. A primeira reação foi perguntar se ele tinha certeza, porque pensei: "Penal? Só vai ver sofrimento e coisas difíceis."

Meu maior desejo é esse: que façam suas próprias escolhas, com autonomia e independência, e encontrem realização, aprendizado e satisfação naquilo que fazem.

Daniel, 27 anos

Quando falo sobre a minha mãe do ponto de vista profissional, deixo explícito que ela é a minha maior referência. Ela deu uma centralidade para a própria carreira, algo que nem sempre é acessível para a maior parte da população feminina no Brasil. Mais do que o alto cargo que ocupa, para mim ela se destaca é pela dedicação, pelo compromisso e pela competência que a fizeram chegar aonde chegou. Ela é uma referência positiva, apesar de saber que esse sucesso implica sacrifícios.

Certamente, teve algum momento em que pensei o quanto eu queria que ela não trabalhasse, que estivesse aqui comigo. Minha mãe sempre tentou conversar com a gente, explicar *o que* e *o porquê* do que estava fazendo, mas quando somos menores, é difícil entender. Uma vez, ela recebeu uma oferta de trabalho que exigia que passasse muito tempo em outra cidade. Eu era pequeno e estava na cama com ela e reclamei: "Poxa, então esta é a última vez que estaremos juntos em um dia de semana?" Ela acabou repensando e desistiu da ideia de trabalhar longe.

Não sei como foi para meu irmão Zezinho, porque eu sei que tem uma pequena diferença de fases em função da idade. Confesso que tinha inveja dele quando era criança, porque sentia que ele havia tido mais oportunidades de estar com ela do que eu. Por outro lado, desde pequeno, eu estava acostumado a não encontrar minha mãe em casa todos os dias. Não que ela fosse extremamente ausente, tivemos uma boa relação e comunicação ao longo do tempo. Tenho memórias de brincar, de estar perto dela, mas não era incomum que ela passasse

dias fora de casa, que eu chegasse em casa e ela estivesse saindo para o trabalho, ou que eu acordasse quando ela já havia saído...

Meu pai também trabalhou bastante, só que em outra área e com algo que envolvia menos comprometimento de tempo do que a minha mãe. Assim, ele ficou mais associado ao papel de cuidar de aspectos cotidianos. Criamos uma certa divisão natural, na qual meu pai nos acompanhava em atividades, como os campeonatos de judô, ainda que minha mãe, não sei se por planejamento ou coincidência, esteve presente em todos os momentos essenciais.

À medida que eu crescia, fui nutrindo muito respeito e admiração por ela, pois sei que sua trajetória não foi fácil. Tenho certeza de que é difícil para todo mundo, mas imagino que as cobranças sejam maiores para mulheres – e mães, em especial.

Também passei a entender que nosso sistema familiar, entre todas as aspas, era atípico em termos de divisão dos papéis de gênero que costumamos ter no Brasil. Existe quase uma *passada de pano* quando são homens que estão nessa posição de destaque na vida profissional. Ela desafiou essas expectativas e, ao longo do tempo, encontrou formas de conciliar a vida profissional com o cuidado familiar, criando um equilíbrio que teve um impacto positivo enorme em nossas vidas.

A educação de qualidade que eu e meu irmão tivemos, as viagens e as experiências que vivemos, todas essas conquistas foram consequências diretas do esforço profissional dela. Embora eu não tenha o menor interesse em trabalhar no setor empresarial ou de finanças como ela – optei pelo Direito Penal –, reconheço que foi graças a seu empenho e apoio que eu posso hoje parar, estudar e ajustar minha carreira.

Felizmente, estamos em um momento bom da relação, em que tenho a oportunidade de dizer a ela tudo o que sinto: máxima admiração e gratidão. É como aquela frase de Isaac Newton: "Se eu vi mais longe, foi por estar sobre os ombros de gigantes."

José Renato, 23 anos

Eu convivi com a mamãe em uma fase diferente da carreira dela, comparada ao tempo em que meu irmão era pequeno. Quando eu era criança, ela já estava mais focada em um papel executivo, e não mais naquele auge da consultoria. Então, passei muito tempo com ela e com o papai. À noite, passávamos bons momentos juntos assistindo a séries e, nos fins de semana, aproveitávamos bastante. Claro, às vezes ela viajava por uma semana, e a gente sentia aquela saudade pesada. Mas, honestamente, eu não me importava tanto. Acho que eu via essas viagens de trabalho de um jeito um pouco diferente do meu irmão. Para ser sincero, eu até gostava da ideia de ficar sozinho, de poder fazer minhas coisas, jogar videogame até tarde. Para mim, esses momentos eram uma liberdade divertida; e, quando ela voltava, eu ficava feliz em vê-la.

Sem dúvida, o nosso pai também trabalhou muito e foi essencial, mas eu sei que, sem ela, eu não estaria onde estou. Ela sempre foi minha referência, tanto pessoal quanto profissional. Por isso, escolhi Administração como ela, embora tenha seguido para o ramo bancário, que é bem diferente de sua área de atuação. Quando tenho dúvidas de trabalho, minha mãe é a primeira pessoa com quem eu falo. Se surge uma oportunidade, é ela que procuro para ouvir um conselho, antes de qualquer outra pessoa. Ela já passou por situações difíceis, e sei que vai dar uma dica boa ou sugerir alguém com quem eu possa conversar. E isso não é só para mim; conversando com outras pessoas, vejo que a mamãe é uma referência para muitos no mercado. Ela foi uma das primeiras mulheres brasileiras, e até da América Latina, a estudar em Harvard. Ela é um verdadeiro exemplo de sucesso, alguém que fez o máximo com os recursos que tinha.

Minha mãe diz que não preciso ser igual a ela, que a vida é minha. Mas, se eu conseguir ser metade do que ela é, já estou satisfeito. Ela é meu ponto de referência, e eu quero que olhe para mim e sinta que criou bem um filho. Para mim, é isso que importa.

Além disso, acho que ela sempre soube equilibrar muito bem o trabalho com a família. Tive muito tempo com ela, passei muitas férias na praia com ela, todos os meus aniversários. Viajei com ela e sinto que, em meio a tudo, ela fez um trabalho impecável. Ninguém é perfeito, claro, mas, aos meus olhos, ela conseguiu minimizar os erros.

Graciema

Graciema Bertoletti nasceu em Roma, Itália, cresceu no Rio de Janeiro e mora em São Paulo há mais de vinte anos. Formou-se em Economia pela UFRJ, possui MBA pela Harvard Business School e formação em governança corporativa pelo IBGC. Durante vinte anos, atuou em bancos de investimentos internacionais, migrando para o setor de saúde em 2016. Foi diretora na Amil/United Health Group e atualmente é *Chief Growth Officer* da Opy Health, empresa de gestão em infraestrutura hospitalar. Entusiasta do ecossistema de *startups*, é conselheira e investidora anjo de várias empresas. Graciema é atuante nas causas de diversidade: liderou o grupo de diversidade de gênero da United Health e é cofundadora do programa *Conselheira 101*, voltado à formação em alta liderança e conselhos de administração para mulheres negras e indígenas. Atleta amadora, já participou de maratonas, triatlos e três *Ironmans*. Irmã do meio de uma família ítalo-baiana, é casada com Guido, companheiro da aventura da vida.

Mãe do Theo, 14 anos, e da Chiara, 12 anos. *Boadrasta* da Rebeca, 27 anos, e do Hugo, 22 anos.

Coragem e Impacto

Na minha formação, o trabalho sempre foi uma conquista intelectual. É algo muito importante e está relacionado a valores familiares: venho de uma família de advogados em que a educação é um pilar muito sólido. Considero a educação e o desenvolvimento profissional como grandes conquistas.

Também vejo a coragem como um aspecto central da minha trajetória. Ao longo da minha carreira, coloquei-me em situações desafiadoras. Aos 26 anos, fui para a Ásia em busca de investimentos para o Brasil em plena crise asiática de 1998. A mudança para a Amil foi outro grande ato de ousadia, pois entrei em um setor completamente novo para mim. Muitas vezes, avançamos sem ter certeza do que vamos encontrar, mas acredito que minha carreira reflete essa combinação de preparo e ousadia.

Além disso, vejo impacto como um valor fundamental, e só com o tempo e com o olhar retrospectivo é que conseguimos avaliar o alcance desse impacto em diferentes esferas: nas pessoas com quem trabalhei, nos negócios que desenvolvi e, particularmente, em outras mulheres, sobretudo naquelas em começo de carreira. Esse ciclo de apoio gera uma ciranda de impactos positivos. Creio que o trabalho abrange essas dimensões: conquista intelectual, coragem e impacto – em especial na vida de outras mulheres.

Vocação

Casei e tive filhos tarde, mas a vida inteira tive certeza de que seria mãe, com ou sem um parceiro. Para mim, a maternidade é uma vocação, algo essencial, e nunca uma obrigação. Sempre esteve acima de tudo. Claro que, às vezes, precisamos pedir um pouco de tempo emprestado e ficamos em débito, mas para mim é um fio central que organiza tudo.

Muitas vezes me perguntam se a maternidade me atrapalha no trabalho, mas acredito que, na verdade, ela me energiza. Não há nada mais revigorante do que chegar em casa e ver uma criança que não quer saber do meu trabalho, se tenho pendências ou se viajei. Eles só querem minha presença, e isso é muito estimulante. Assim como o esporte, que também é importante para mim, meus filhos me ajudam a manter o equilíbrio e me permitem desconectar do trabalho.

Sempre busquei estar presente nos momentos importantes e acredito mais na qualidade do tempo que estou com meus filhos. Tento ver a maternidade como uma *conexão com a terra*, algo que me liga à minha vocação mais profunda, à minha essência. Nada é mais importante para mim do que meus filhos. Eles são o pilar da minha vida, e tudo o mais se organiza ao redor deles.

Claro, a jornada da maternidade é cheia de fases, cada uma com seus próprios desafios. Quando as crianças eram pequenas, era mais fácil delegar certas tarefas a uma babá para garantir o bem-estar delas. Sempre tivemos uma rede de apoio, embora não muito de família, já que vivo em São Paulo e minha mãe está no Rio.

Hoje, o Theo adolescente enfrenta desafios mais complexos, o que me leva a me preocupar mais com questões como socialização e desempenho escolar. A adolescência tem suas próprias demandas, e estou aprendendo a cada dia. A gente se redescobre junto. É uma fase que traz novas dificuldades, pois eles começam a sentir e lidar com questões emocionais mais profundas. Estamos apenas no começo dessa fase, que estou curtindo muito, apesar dos desafios. Tenho um filho curioso e companheiro.

Além do Theo e da Chiara, meu marido tem dois filhos mais velhos, Rebeca e Hugo. Eles são ótimos, pessoas incríveis de quem nos orgulhamos bastante. Ambos estão iniciando suas jornadas profissionais. Cada um deles enfrentou seus desafios e escolhas, e é gratificante ver que se tornaram pessoas do bem, com princípios sólidos e conquistas importantes. Agora, eles se preocupam com o Theo e a Chiara, e entendem a responsabilidade de serem uma referência para eles. É reconfortante ver essa comunidade se formando, sabendo que nossos filhos terão apoio uns dos outros ao longo de suas vidas.

O esporte como aliado

O esporte sempre foi uma parte essencial da minha vida, algo que faço para me sentir bem, tanto física quanto mentalmente. É um elemento que me mantém conectada ao que é realmente importante: estar em equilíbrio comigo mesma, corpo e mente em sintonia. Morei no Rio e cresci com o culto ao corpo e ao bem-estar. O esporte é um aliado nesse aspecto, além de permitir que eu busque me desafiar e melhorar a performance, seja em uma corrida ou em um triatlo. Mas o principal é que praticar esportes me dá esse tempo essencial para fazer algo só para mim.

Em casa, meus filhos entendem e respeitam meu compromisso com o esporte, mesmo sendo uma atleta amadora. Eles acompanham e curtem minhas conquistas, embora signifique que às vezes eu tenha que chegar mais tarde no fim de semana. Quando o Theo, meu filho mais velho, estava com uns cinco anos, lembro que ele via minhas medalhas e pensava que eu ganhava todas as corridas. Um dia, o levei para a chegada de uma maratona em São Paulo e expliquei que, mesmo quem não ganha, sai com uma medalha e se sente feliz só por participar. Com o tempo, ele foi entendendo o valor de cada realização. Cheguei a participar de três provas de triatlo na modalidade *Ironman*. Outro dia, comentei que talvez faça o *Ironman* no ano que vem e o Theo ficou superanimado e disse: "Que legal, mãe!" Eles sempre observam o que a gente faz. Minha conquista é a conquista deles.

O esporte também me ajudou a ensiná-los valores como consistência, disciplina e perseverança, e, sem dúvidas, a lidar com cenários adversos. Em abril deste ano, torci o pé durante uma prova e pensei muitas vezes em desistir, mas continuei pensando na medalha que levaria para casa e mostraria às crianças. O Theo ficou preocupado e até me deu uma bronca: "Mãe, você não precisava ter terminado. Podia ter piorado a lesão." É curioso como, com o tempo, eles passam a cuidar da gente também.

Para mim, pouco importa se o Theo joga tênis, nada ou joga ping-pong; o importante é que ele pratique alguma atividade, para o físico, a socialização e o aprendizado de lidar com frustrações.

Ontem mesmo, assisti a um jogo de basquete dele na escola, e ele disse, chateado: "Mãe, fiquei no banco quase o tempo todo." Expliquei que ser parte de um time é assim, todos têm papéis diferentes e é preciso ter paciência para conquistar a confiança do técnico e melhorar. Acredito que o esporte, além de ser algo que faço por prazer, é uma maneira de transmitir esses valores de forma natural.

Desafios familiares na pandemia

A pandemia foi uma fase bem difícil para mim e para minha família. Eu estava trabalhando na área de gestão em saúde e tinha dias longos de trabalho, das oito da manhã até as dez da noite sem sair de casa. Embora estivéssemos em uma situação confortável e com o auxílio de uma funcionária, foi complicado manter tudo equilibrado.

Montei uma pequena academia improvisada na sala. Assim, corria, pedalava e depois me sentava para trabalhar longas horas. Esse esquema funcionava bem para mim, mas claramente não estava sendo fácil para quem estava ao meu redor.

O Theo tinha muita dificuldade para se concentrar nas aulas *online*, além de querer uma atenção que eu não podia dar, pois estava sempre ocupada. Lembro de uma vez em que ele se queixou e eu expliquei que estava cuidando de quatro milhões de pessoas, lidando com questões urgentes, desde testes de Covid-19 até a suspensão de cirurgias eletivas e os pagamentos aos hospitais – era muita responsabilidade. Ele entendeu e disse: "Nossa, é muita gente... Seu trabalho é muito importante!"

Já a minha filha Chiara, que tem uma síndrome rara, passou pela pandemia quase sem perceber. Criamos uma rotina para ela: todas as manhãs, uma tutora vinha e organizávamos uma espécie de escolinha particular na brinquedoteca do prédio. Ela seguia essa rotina de manhã e à tarde brincava no playground ou ia à padaria. Esse esquema ajudou a mantê-la tranquila durante todo o período.

Guido, meu marido, viajava a trabalho com alguma frequência, mas o dia a dia com todos em casa não era fácil. Acabei alugando um espaço em um escritório de *coworking* bem perto de casa, apenas para passar um tempo fora. Pensei que poderíamos alugar uma casa no interior, mas não foi unanimidade na família e acabamos não indo.

No final, cada um teve que lidar com suas próprias dificuldades durante a pandemia. Eu mantinha tudo em perspectiva, lembrando que, felizmente, estávamos empregados, tínhamos ajuda e nossa família estava saudável. Eu dizia ao Guido: "Graças a Deus, estamos bem. Vamos fazer nossa parte e tentar sorrir no final do dia."

Divisão de papéis

Minha mãe já trilhou seu próprio caminho, teve uma carreira profissional bem bacana e tinha sua independência financeira, o que considero muito positivo. Em casa, ela e meu pai costumavam compartilhar decisões, o que trouxe uma sensação de igualdade que vejo menos em outros lares. Até hoje, ouço amigos do meu filho dizendo "quem manda lá em casa é o papai" – em geral porque é ele que sustenta a família. Acho que essa independência financeira das mulheres traz uma certa equidade nas relações.

No nosso dia a dia, dividimos bem as tarefas. Guido faz o supermercado e, por ter uma agenda mais flexível, ele sempre se prontifica para resolver algum imprevisto. Por exemplo, se o Theo sai mais cedo da escola e o rapaz que o busca não pode ir, o Guido vai. Ele também leva as crianças ao médico quando necessário. Eu acabo assumindo outras responsabilidades com as crianças, como lição de casa, presentes para os amigos, formulários de inscrição de viagens e atividades, sem contar as mil e uma demandas da turma.

Conversamos muito sobre as questões relacionadas a nossa filha. Recentemente, uma médica do Hospital das Clínicas entrou em contato comigo para falar sobre uma pesquisa muito séria sobre a síndrome da Chiara, com potencial para abrir portas para ensaios clínicos de farmacêuticas. Entretanto, muitas famílias não têm o mesmo nível de inglês ou acesso à informação, e a médica comentou que eu poderia facilitar essa comunicação. Minha primeira reação foi olhar para minha agenda e pensar que não daria conta de assumir mais um compromisso. Pedi ajuda ao Guido, que me respondeu prontamente: "O que preciso fazer?" Respondi, brincando: "Você vai para Los Angeles em dezembro!" Nossa parceria tem sido essencial para lidar com as atribuições diárias.

Acreditar no processo

A maternidade é o amor mais incondicional que existe, mas exige muita resiliência e paciência. Precisamos aprender com o processo, entender o nível de diálogo em cada fase da criança ou adolescente. Ela também exige investimento – de esforço e de tempo. Embora existam exceções, geralmente você não abandona a maternidade e, à medida que as crianças crescem, não fica mais fácil, ela apenas muda e se mantém sempre desafiadora. O importante é ter a perspectiva de que os altos e baixos acontecem, reservar um tempo para você e para o seu companheiro.

Acredito que o mundo do trabalho tem suas semelhanças com a maternidade: não fica mais fácil com o tempo. Não é porque você assume um cargo de diretor que terá menos desafios ou mais tempo; surgem outras responsabilidades, novas conquistas. E, assim como na maternidade, você quer que tudo dê certo no longo prazo. No meu caso, deixar de trabalhar não é uma opção, e isso não é apenas uma questão financeira. Trata-se também de pertencimento, de ter um propósito e um desafio. Você aprende a escolher suas batalhas, a decidir quais valem a pena e quais não valem.

No meu caso, essa visão de trabalho se fortalece pela necessidade de garantir o futuro da minha filha. Queremos deixar um patrimônio que lhe permita independência financeira e conforto. Não pensamos em *quanto precisamos para nos aposentar*, mas sim em *quanto será necessário para que ela possa viver com o nível de conforto que desejamos, por muitos anos, mesmo após a nossa partida*. Hoje tenho uma comunidade me ajudando a cuidar da Chiara, e o sentimento das suas cuidadoras é lindo de ver. Sou extremamente grata a essas mulheres que me ajudam ou me ajudaram com a Chiara. Elas nunca saem da minha vida, a comunidade só aumenta. É uma retribuição do carinho também incondicional que Chiara oferece a essas pessoas, apesar dos desafios com ela no dia a dia.

Curtir a jornada

Quando converso com Theo sobre o trabalho, procuro passar que eu não trabalho apenas pelo dinheiro, mas porque gosto, porque me faz bem e porque impacta pessoas. Claro que medir esse impacto nem sempre é fácil, assim como as crianças nem sempre entendem que trabalhar toma tempo, e tempo é algo muito raro e valioso para os filhos.

Para mim, o trabalho é sobre construir algo – seja para a sociedade, seja nas relações humanas. Existe uma Graciema que não é só mãe; ela é uma mulher que contribui para a sociedade e que serve de exemplo para outras mulheres também.

Eu tenho uma visão pragmática sobre o trabalho, mas com um toque de romantismo. Há muitas coisas que você gosta e que também podem dar retorno financeiro. A busca dessa interseção é constante, e acredito que possível, inspirador e divertido.

É importante também entender que nada é definitivo. A vida tem transições; você pode começar em uma área e depois seguir por outra. Independentemente da sua trajetória ou posição, a dedicação, a seriedade e o compromisso com seus objetivos devem sempre estar presentes. Sem esquecer a relação com as pessoas, que é talvez o ativo mais valioso que a gente tem além da nossa formação e experiência.

Tento ter prazer mesmo em tarefas de que não gosto ou acho difíceis. Por exemplo, fico um pouco nervosa toda vez que voo de avião, mas adoro viajar, porque adoro estar nos lugares e com as pessoas, conhecendo hospitais, estudando e interagindo. É sobre curtir a jornada, e não apenas o destino.

Assim como no esporte, podemos mentalizar os desafios que virão. Teremos dias complicados, chateações, mas, ao enxergar isso como parte da jornada, tudo fica mais leve. Para mim, é importante atenuar os momentos difíceis e celebrar as conquistas, os elogios e o reconhecimento. Aproveitar a jornada é essencial, e hoje, muitas vezes, esquecemos de fazer isso.

Fazer o que nos faz bem

Assumindo que estou me dirigindo a mulheres que possam ter interesse em uma carreira e se perguntam como equilibrá-la com a maternidade, eu diria que devemos escolher o que nos faz bem. Se trabalhar e ter independência financeira lhe traz felicidade, siga esse caminho. Minha mãe trabalhou, minha avó era diretora de escola; já minha outra avó nunca trabalhou fora. Vejo mérito nos dois caminhos. Ambas foram mães carinhosas, exemplos em suas famílias, multitarefas como todas as mulheres aprendem a ser, cada uma no seu jeito, cada uma com o seu legado. Não acho que precisamos trabalhar por obrigação.

Considero importante usar a maternidade como fonte de energia. Assim como exige, ela também nos devolve muito. Passar o dia inteiro em casa com um filho também não é fácil, mas, para mim, é o capítulo mais especial da vida.

Então, aproveitem esse capítulo, leiam e vivam cada momento dele, porque vale muito a pena – para pais e mães. Eu faria tudo de novo no que diz respeito à maternidade, então curtam cada fase e usem isso como inspiração, até para dar uma pausa no trabalho e dizer: "Hoje vou para casa porque quero ver meu filho acordado." Isso ajuda a equilibrar as áreas da vida.

Não é fácil; todos nós sabemos disso e nos cobramos muito para dar o nosso melhor. É o que sempre digo ao meu filho: "Você está fazendo o seu melhor? Então já é o suficiente." Se sente que pode fazer mais ou de forma diferente, então reflita sobre como melhorar. Às vezes, não seremos a mãe que idealizamos, aquela que participa de todas as feiras escolares, que leva o filho em cada atividade e ainda mantém uma carreira executiva. Não dá para fazer tudo, pelo menos não todo o tempo, mas dá para fazer bastante coisa e, principalmente, ser feliz na jornada, na busca inquieta por esse equilíbrio que sabemos desde o começo ser inexistente. E aí está a graça da vida e da maternidade: expandir nossos universos, expandir nosso coração, expandir nossa mente e aprender e nos transformar ao mesmo tempo.

Tudo pode mudar

A gente cresce pensando: "Vou estudar, fazer faculdade, trabalhar, casar, ter filhos, comprar um apartamento." Quando a maternidade chega, ela embaralha todas essas peças, e uma maternidade especial, mais ainda. Você percebe que todas as expectativas mudam e passa a viver o dia a dia.

Sempre fui organizada: faculdade, MBA, carreira em banco, filhos… tudo ticado na lista da vida. Até que um dia as minhas perspectivas mudaram. Não é mais sobre querer que a Chiara se forme na faculdade. Quero é que ela esteja bem, que me dê um abraço, um beijo. Isso é muito especial. Toda maternidade tem um pouco disso – a gente quer o melhor para os filhos, isso é inerente à maternidade. A força de uma leoa ou de uma mãe é algo assustador e ao mesmo tempo encantador, tão humano e sobre-humano. Meu marido até brinca: "Você quer que seu filho seja atleta olímpico, ganhador do Nobel etc." "Querer eu quero, mas isso não quer dizer que a gente não ficará feliz se nada disso acontecer." No fundo, a gente deseja e almeja muitas coisas, mas vai entendendo que não precisa de tudo isso para ser feliz. Quando chego em casa e vejo a Chiara sorrindo, feliz, e recebo um abraço apertado do Theo e um beijo do Guido, isso já é tudo. A maternidade e a família embaralham as peças da vida de um jeito bom.

Theo, 14 anos

No colégio, estou no nono ano – o último antes de cair de cabeça no ensino médio. Minha rotina é simples, mas bem minha: acordo, dou um bom-dia para o meu pai e minha mãe e vou para a escola. À noite, a gente tenta estar junto para jantar em família e contar as novidades do dia.

Meu pai é viciado em livros e minha mãe tenta acompanhar. Livros são interessantes, mas esporte e violão é o que eu curto de verdade nesse momento. Aqui em casa, é quase regra fazer algum tipo de esporte, mas minha mãe não impõe nada específico. Ela só quer que a gente se mexa, faça alguma atividade física, o que é uma ótima desculpa para eu continuar com o basquete. Gosto muito do esporte, porque aprendo a ser paciente, a ter resiliência e a trabalhar em equipe – o que não deixa de ser útil fora das quadras também.

Agora, vou te contar: minha mãe não faz só *algum* esporte, ela é triatleta! Cada dia é um treino diferente: um dia pedala, no outro corre, no outro nada. Já acompanhei algumas provas dela, tipo o *Ironman* em Florianópolis, que é praticamente um evento de um dia inteiro. Ela não admite, mas sei que fica feliz quando estamos lá na torcida.

Já meu pai é mais tranquilo, ele joga futebol e faz academia. Ele joga no time do clube Pinheiros. No trabalho, ele manda superbem também. Ele é CEO de uma empresa de energia eólica. Ele trabalha de *home office* normalmente, mas às vezes precisa ir para Fortaleza, onde fica o escritório principal. Quando está por aqui, é ele quem assume a cozinha se a cozinheira não vem. Sempre presente, é tipo um cozinheiro de plantão no fim de semana.

Nos finais de semana, cada um tem o seu momento – meu pai no futebol, minha mãe nos mil e um treinos dela e minha irmã no parque ou teatro, eu no violão, ou com meus amigos passeando. E depois rola algum programa em família, um almoço ou uma leitura na cama dos meus pais à noite. Viajamos bastante também. Já fui à Disney duas vezes, aos sete e aos oito anos – foram experiências que ficaram marcadas para sempre. Quem não guarda boas lembranças de lá, né? E vou praticamente todo ano esquiar no Colorado. É um programa que todos da família gostam, cada um esquia no seu nível e nos encontramos à noite, curtimos uma piscina aquecida e depois ou preparamos algo em casa ou saímos para comer uma sopa em um restaurante local. Meus irmãos mais velhos, Rebeca e Hugo, moram em Nova York. E já fomos lá algumas vezes. Adoro a confusão da Times Square. Para minha mãe, o programa favorito é correr no Central Park. Que surpresa!

Tenho uma irmã chamada Chiara. Nossa relação é tranquila, com raras brigas. Na época da pandemia, minha mãe e eu tivemos nossos atritos, mas agora a Chiara é quem anda em uma fase de desacordo com a mamãe. Acho que faz parte. No geral, elas se entendem bem.

Minha mãe trabalha em uma empresa de gestão hospitalar, ajudando a empresa a crescer e se desenvolver. Quando eu era menor, sentia falta dela quando saía para trabalhar, mas na escola acabava esquecendo. Hoje entendo mais o trabalho dela e sei que, mesmo com a rotina puxada, ela nunca faltou nos momentos que realmente importavam, tipo os meus jogos de basquete. Ela só perde os amistosos, e tá tudo certo!

Ainda não fui ao escritório atual dela, mas já fui algumas vezes nos trabalhos anteriores. Lembro da G5 e da Amil. Todos sempre falavam sobre a minha mãe com muito carinho. Acho que ela curte o que faz, gosta das pessoas com quem trabalha e sente orgulho – dá para perceber pela maneira como fala sobre o trabalho.

Na pandemia, vi meus pais trabalhando de casa, cada um no seu computador. No começo, foi até legal, mas depois o clima de escritório ficou tenso. Parecia que o almoço virava uma reunião de trabalho com olhares meio desconfiados entre os dois.

Sinto que, às vezes, minha mãe fica chateada por não estar mais presente em casa. Se eu pudesse dizer algo para ela, seria: “Mãe, dá uma pausa de vez em quando!” Ela não sabe a hora de parar, mas, ao mesmo tempo, sei o quanto o trabalho dela ajudou nossa família a conquistar coisas importantes. Ela me ensina muito sobre insistência e resiliência – qualidade que uso até no basquete, quando o treino está puxado e eu estou no limite.

Eu me inspiro nela, sim, mas ainda tenho tempo para decidir o que quero fazer da vida. Só sei que carreira de gestão hospitalar provavelmente não é para mim. Ainda é cedo para saber qual profissão vou seguir, mas não sei se vou querer fazer o que ela faz. Minha sintonia com minha mãe é de outro mundo. Apesar de sermos bem diferentes, temos muito em comum. Juntos, somos melhores. Bem melhores.

Joana

Joana Araujo Pescarini nasceu no Rio de Janeiro em 1973. É formada em Administração de Empresas pela Universidade de Pepperdine, na Califórnia, e em *Executive Coaching* pela Universidade de Columbia, em Nova York. Ao longo de sua carreira, viveu nos Estados Unidos, França, Angola, Portugal, Venezuela, Emirados Árabes, México e Reino Unido, e fala quatro idiomas. Com mais de 25 anos de experiência, atualmente trabalha na BAE Systems, na Inglaterra, como diretora de RH na área de desenvolvimento organizacional.

Mãe do Lucas, 18 anos, e da Maria Júlia, 16 anos, que, apesar de serem brasileiros orgulhosos, nunca viveram no Brasil.

Gerações de mulheres fortes

Eu venho de uma família matriarcal e nada convencional. Minha avó Aládia criou seis filhos trabalhando como costureira, além de sustentar o meu querido avô João. Aládia saiu da Vigia, uma cidade pequena no Pará, foi para Belém e depois, corajosamente, se mudou para o Rio de Janeiro com os filhos. Com a sua dedicação, conseguiu que todos se formassem na faculdade.

Minha tia mais velha e madrinha, Maizé, também é uma costureira talentosa. Teve destaque na sua profissão fazendo vestidos para noivas e debutantes e sempre viajou pelo mundo, da Bulgária à França, para se divertir com as amigas – mesmo vindo de uma geração em que as mulheres ficavam cuidando da casa. Tia Suely também é vigorosa. Foi ativista de esquerda, presa pela ditadura, construiu uma carreira de sucesso como jornalista e se tornou diretora de um dos jornais mais importantes do país, o *Estado de São Paulo*. Tia Mayr sempre nos mostrou uma rotina de muito trabalho à frente do seu restaurante. Era uma mulher extremamente carinhosa e cheia de estilo – se vestia diferente de todos. Tia Concy, a caçula, era fora do padrão. Muito inteligente, vivia em um meio mais artístico, viajou muito e falava em energia e esoterismo antes disso virar moda.

Minhas experiências como neta, sobrinha e, sobretudo, como filha moldaram o meu conceito de maternidade. Minha mãe foi uma profissional ferrenha, que lutou por uma sociedade mais igualitária. Virou uma premiada jornalista de economia. No auge da carreira, mudou-se conosco para os Estados Unidos sem saber falar inglês. Teve sucesso e voltou depois de quatro anos. Mais tarde, trabalhou com o presidente Fernando Henrique Cardoso. Nunca se acanhou diante dos desafios. Perdeu o marido, meu pai, em um acidente. Foi um golpe enorme.

Apesar de ser uma jornalista dedicada que amava a profissão e de ter tido dois empregos simultâneos quando éramos pequenas, nunca me senti abandonada. Ela assumiu o papel de mãe e pai durante grande parte da nossa vida e foi seu exemplo que me fez entender que meus filhos precisam de um ambiente onde se sintam seguros e amados sem depender sempre da minha presença física.

O sucesso é consequência

Eu me aventurei bem cedo na vida. Fiz faculdade fora do Brasil e, quando voltei, após um ano de trabalho, me ofereceram a oportunidade de ir para Paris. A partir daí, foi uma vida de cigana. Morei em vários países, como França, Angola, Portugal, Venezuela, Estados Unidos, Emirados Árabes, entre outros. Isso tornou a minha trajetória bastante singular. Tive que lidar não somente com os desafios no trabalho, mas também com as dificuldades de estar em países onde eu teria que aprender a língua e tentar fazer novos amigos, sem minha família por perto. Meu foco era a vida profissional. Sacrifiquei vários aspectos do lado pessoal para seguir em frente.

O conceito de sucesso muda de tempos em tempos. Poucas décadas atrás, ele era medido pelo dinheiro que você ganhava e, talvez, pelo quanto você contribuía socialmente para o mundo. Hoje, para mim e muitas pessoas, sucesso é o encontro entre o que se ama fazer e o que se faz bem, com pessoas de que você gosta e admira. Sempre com um propósito e deixando um legado positivo para o mundo.

Pode soar fácil, mas não é. A vida nos impõe mudanças, imprevistos, nosso equilíbrio é abalado e todo o trabalho começa de novo. Já passei por incontáveis mudanças. Muitas maravilhosas, outras nem tanto. Algumas foram gigantes, como as transferências para diversos países, promoções profissionais muito esperadas, trocas de emprego, doenças na família e casamento. Talvez a maior delas tenha sido a maternidade.

Lucas nasceu e transbordei com todas as emoções que um ser tão pequenino traz para nossa vida. Tive um sentimento de que a qualquer momento seria capaz de renunciar a qualquer coisa para o bem-estar daquela criança. No entanto, como todas as mães de primeira viagem, tive que aprender a viver em um novo normal. Apesar do Lu ser minha prioridade número um, eu precisava conciliar as demandas de um cargo que exigia muitas viagens e estar longe da família. Em certo momento, me senti inapta como mãe. Não conseguia encontrar um equilíbrio entre maternidade e trabalho.

Antes de ser mãe, fazia planejamento de carreira e recrutamento para a América Latina. Depois de uma licença-maternidade de quatro meses, voltei para essa área, que eu adorava. Embora fosse justamente o que eu mais gostava de fazer – viajar, conhecer diversos países e pessoas –, o retorno foi pesado. Às vezes, eu chegava de uma viagem de duas semanas e meu filho só queria o pai e a babá, a Lelê. Ela, também uma mulher guerreira, foi quem me criou e me deu o colo que minha mãe muitas vezes não tinha tempo de dar.

Essa situação desencadeou um ciclo de autossabotagem, eu achava que não era capaz de fazer nada bem. Morávamos na

Venezuela; minha mãe e minha sogra nos visitavam com frequência e estavam muito presentes em nossa vida. Mas eu me sentia muito solitária sem a família por perto todo os dias. Foi uma jornada de muito aprendizado. Em determinados momentos, precisamos de uma dose de desconforto e estresse para acelerar o crescimento interno. Foi o que aconteceu. Logo depois, quando a minha filha Maria Júlia nasceu, me senti mais apta para encontrar o equilíbrio diante do vaivém da maternidade e do trabalho.

Assim como na gravidez do Lucas, eu passei a da Maria Júlia na Venezuela, mas ela nasceu no Rio de Janeiro. Sempre quis ter meus filhos na minha cidade. Depois que Juju chegou, nos mudamos para Dubai. Novamente, eu tinha um trabalho importante, que cobria o Oriente Médio e a Ásia. Era a mesma dinâmica: muitas viagens. Mas eu já estava craque, tinha aprendido várias lições com o Lucas, então aprimorei minha conduta.

É preciso uma aldeia inteira para educar uma criança[6]

Maternidade é um esporte de equipe, e ter uma rede de apoio faz toda a diferença. Com o tempo, aprendi que está tudo bem pedir ajuda. Um dos maiores ensinamentos que recebi da minha mãe sobre como balancear maternidade e empregos exigentes é aceitar que você não estará presente 100% do tempo.

Portanto, é preciso criar um sistema de suporte para garantir que seus filhos se sintam seguros e amados o tempo todo e estar presente nos momentos cruciais.

A fase mais difícil foi a primeira infância dos meus filhos. Para alcançar o equilíbrio, fui tentando definir quais eram os momentos mais significativos para eles, para que se sentissem bem, sem eu ter que renunciar ao trabalho, que também era importante para mim. Consultas médicas, apresentações da escola, jogos, fins de semana com a família, jantar juntos à mesa sempre foram ocasiões que

6 Provérbio africano.

valorizamos lá em casa. Nesse período, também os rodeei de pessoas queridas, que os apoiassem, como as babás. A conexão que eles criaram, principalmente com a Lelê e com a Efrill, foi muito forte.

Eu me sinto grata e sortuda por tê-las em minha vida. São mulheres realizadoras, dedicadas, carinhosas, que me deram suporte sem igual e viraram referência para meus filhos. A Lelê é brasileira e trabalhava na casa da minha mãe desde que eu era pequena. Foi morar em Nova York com a minha família, quando eu era adolescente, e foi um porto seguro para mim e para as minhas irmãs. Efrill é das Filipinas. Chegou quando Juju era pequena e está presente nos momentos de lazer, vibra a cada conquista nossa e sofre a cada desafio.

Mas quando estava em Dubai, decidi dar um passo atrás e fazer uma pausa na carreira. Embora meus filhos estivessem acompanhados por pessoas em quem eu confiava e que eles amavam, me sentia distante deles. Foi uma decisão difícil, mas fiz exatamente o que deveria ter feito. Retomei com eles um elo, um vínculo que estava um pouco fragilizado. Eles eram pequeninos. Foi muito bom me reconectar comigo e com eles.

Do trabalho para casa, de casa para o trabalho

Uma das coisas que mais aprendi com os meus filhos foi a capacidade de ter empatia e apreciar múltiplas perspectivas... É importante ver o mundo sob a ótica deles para entender melhor as atitudes de cada um, as pessoas que estão se tornando e o que precisam de nós como pais. A maternidade trouxe para o meu trabalho um jeito de lidar com as pessoas com mais flexibilidade, sendo mais curiosa em relação às diferentes visões de mundo.

Antes de ser mãe, eu abordava as conversas e relações partindo da minha perspectiva – eu olhava o mundo com a minha lente. Quando temos filhos, passamos a nos colocar no lugar deles, a sentir as dores e os prazeres deles. Hoje, valorizo muito o olhar do outro, o que me ajudou bastante profissionalmente, na minha atuação em Recursos Humanos.

Amadureci a ideia de *começar de onde as outras pessoas estão*, principalmente quando lidero equipes. Precisamos dar espaço para o outro se posicionar. Isso facilita o compartilhamento de opiniões e saberes, e as pessoas se sentem mais incluídas. Aprendi que, quando fazemos suposições em vez de perguntas, acabamos nos distanciando da realidade. É uma questão relevante na relação não apenas com os filhos, mas com os colegas de trabalho também. Talvez eles não vejam o mundo do jeito que você vê, por isso é preciso abrir os horizontes.

Por outro lado, o trabalho trouxe disciplina para a minha maternidade. Gosto de ser diligente e sempre procuro fazer o meu melhor. A disciplina me deu, desde cedo na vida profissional, a oportunidade de receber trabalhos vultosos que exigiam responsabilidade, e levei isso para dentro de casa, para a maneira de educar meus filhos. Eu os eduquei pelo exemplo, pois acredito que a disciplina e os limites são importantes, desde a maneira de se comportar à mesa do jantar até o capricho nas tarefas de casa. Quando a criança não tem limites, há uma falsa sensação de liberdade. Impor regras não deve se confundir com falta de amor.

Que eles abram seus horizontes

Quando rezo à noite pelos meus filhos, sempre peço duas coisas: saúde e felicidade, independente das escolhas de cada um. Desejo que encontrem uma carreira de que verdadeiramente gostem. A princípio, podem errar, acertar, mas acredito que, se você encontra algo que lhe dá prazer, a palavra trabalho ganha outra conotação: pode quase virar um *hobby*. Não é um trabalho, é uma atividade – há uma diferença. Se você ama o que faz, não precisa trabalhar um dia sequer na vida.

Espero que eles saibam aproveitar as oportunidades para abrir seus leques de conhecimento, que exercitem a fundo a curiosidade de encarar desafios diferentes, que tenham uma carreira rica e diversificada. Eu tive muitas oportunidades, e elas me tiraram da minha zona de conforto. Em toda a minha carreira, eu nunca disse não para uma nova experiência, sempre fui muito aberta ao desconhecido. Um dia estava em Portugal, no outro, em Angola, depois em Dubai, no México... Minha trajetória foi geográfica e culturalmente muito diversa.

Porém, há algo que paira acima de tudo. É a inteligência emocional. Espero ter contribuído, e ainda contribuir, como mãe, amiga e conselheira, para que eles desenvolvam uma inteligência emocional capaz de ajudá-los a praticarem a neutralidade, perscrutarem seus propósitos e almejarem a plenitude, tanto no trabalho quanto na vida pessoal. Para mim, esse é o significado de sucesso.

Lucas, 18 anos

As primeiras lembranças que tenho da minha mãe como profissional são de quando estávamos em Dubai. Ela trabalhava com bastante gente, sempre em equipe, e eu conhecia seus colegas da empresa. Especialmente em Dubai, onde a maioria dos amigos também eram expatriados, havia muitas festas na nossa casa. Foi uma ótima experiência conhecer todo mundo. Lembro dela indo trabalhar todo dia de manhã. Acordava a gente para nos preparar para a escola e depois ia para o escritório. Em alguns dias, ela nos levava para a escola.

Só passei a ver de perto a minha mãe trabalhando durante a pandemia, quando ela começou a fazer *home office*. Passava o dia em reuniões *online* e escrevendo e-mails. O trabalho dela sempre tomou muito do seu tempo. Eu sentia saudades quando ela saía para o escritório, mas eu também tinha aula. Na rotina lá em casa, jantávamos juntos, em família. Sempre foi assim, até hoje. Não tem essa de comer no quarto. Não importa o que a gente esteja fazendo: na hora do jantar, é todo mundo junto.

Quando minha mãe viajava mais – tanto ela quanto meu pai viajavam bastante, meu pai um pouco menos –, eu e a Juju ficávamos tristes, mas sabíamos que eles voltariam. Quando éramos pequenos, eles sempre traziam um presentinho das viagens. Era quase um pedido de desculpas por terem ido. A gente não tinha uma sensação de abandono, era só um pouco difícil de lidar. Não havia insegurança, pois tínhamos a Efrill, a Christy e a Lelê em casa conosco, pessoas que ajudaram muito na nossa criação.

Tenho certeza de que minha mãe só trabalhava e viajava tanto porque sabia que a família estava bem. Nos momentos em que a gente precisava dela ou que eram importantes para nós, como a minha formatura, meus aniversários etc., ela estava lá. Apesar de tudo, ela foi muito presente na minha vida.

Sempre soube que minha mãe trabalhava com Recursos Humanos, assessorando companhias na contratação e no treinamento dos funcionários. Ela também criou uma empresa de consultoria em que ajuda as pessoas a encontrarem seus propósitos e buscarem seus sonhos. Agora, trabalha na BAE Systems, uma empresa de defesa na Inglaterra.

Sei que o trabalho da minha mãe é muito importante para ela. Ela se empenha 100%, gosta de fazer a diferença, seja no trabalho ou na vida de alguém. Por isso, acho que ela gosta muito de *coaching*, RH, gerenciamento, recrutamento. Eu vejo o trabalho dela com bons olhos, sempre entendi que estava tentando melhorar a vida das pessoas.

Ela tentou parar de trabalhar por um tempo. Ficava em casa conosco e parecia meio entediada, não estava acostumada. Quando voltou para a empresa, deu para ver que ela se sentia mais motivada. Essa motivação da minha mãe em fazer a diferença me inspira. Vou seguir o exemplo dela na minha profissão e na vida pessoal. Quero construir uma família, dar a ela no mínimo a metade do que a minha mãe nos deu e criar com os meus filhos essa relação de amizade que tenho com os meus pais.

Sempre tive um ótimo relacionamento com a minha mãe. Por exemplo, eu saía com os amigos e, quando voltava, ela sempre queria ouvir as fofocas e novidades. Eu convidava amigos para irem em nossa casa e jantávamos todos juntos. Ela é minha mãe, mas também é minha amiga. Tudo o que ela merece ouvir – sobre orgulho, carinho, afeto, reconhecimento – eu já falei para ela. Ela sempre me deu TUDO, é o que tenho para dizer a ela.

Maria Júlia, 16 anos

Minha mãe trabalha com Recursos Humanos e tem um time. Não sei exatamente o que fazem, mas há sempre muitas reuniões falando sobre os próximos passos da companhia e o que eles podem fazer para melhorar essa área que trata dos funcionários.

Ela recruta pessoas. Eu acho que é um trabalho bem interessante, porque, como ela, eu também sou uma pessoa que gosta de gente. Meu pai é engenheiro, e ele é mais do tipo que coloca a mão na massa. Eu me identifico mais com o trabalho da minha mãe. Vejo isso refletido nas tarefas que faço na escola, na forma como abordamos alguns temas. Foi ela quem me ensinou a trabalhar em grupo.

As primeiras lembranças que tenho da minha mãe trabalhando são dela viajando muito, mas são memórias vagas... Uma vez, quando estávamos no México, peguei *influenza*. Mesmo tendo acabado de chegar de uma viagem, ela ficou comigo enquanto eu estava doente. Lembro também que, quando ela trabalhava em casa – havia um escritório no andar de cima –, eu ficava brincando com as roupas dela.

Outro momento em que minha mãe trabalhou de casa foi quando criou sua empresa de *coaching*. Essa nova fase mostrou o que ela realmente gostava de fazer. Quando está em uma empresa grande, às vezes você perde a motivação pela qual entrou naquela área. Na empresa dela, ela começou a fazer o que queria de verdade. Esse período foi bom para nós, porque a minha mãe tinha um horário mais flexível, trabalhava a quantidade de horas que ela queria e podia ficar mais comigo e com o Lucas. Na BAE, ela também tem mais tempo para ficar conosco e para fazer as coisas de que ela gosta, como ioga. A saúde mental dela melhorou muito.

O trabalho da minha mãe nos dá a oportunidade de termos mais luxos, como viajar quando temos vontade. A gente vai ao Brasil de vez em quando, para ver a família. Também tivemos a chance de visitar outros lugares, viver outras experiências. A gente morou no México; o Lucas fala espanhol, e eu entendo bem. Aprendi francês e o Lucas aprendeu árabe. Meu irmão foi fazer faculdade em San Diego, nos EUA, o que é bem caro, mas ela trabalhou muito para poder cobrir esses custos. O ganho é muito mais do que dinheiro – é cultura, é vivência.

Tenho orgulho da minha mãe. Queria ter essa oportunidade de ajudar as pessoas, como ela. Certamente, a profissão dela pode influenciar na minha escolha profissional. Ela me inspira e queria que soubesse que sempre vou precisar dela.

Josie

Josie Jardim, 57 anos, é casada e uma advogada com trajetória no mundo corporativo. Nascida em Sorocaba (SP), estudou em escolas públicas e, aos 16 anos, ganhou uma bolsa de estudos nos EUA que transformou sua vida. Formada em Direito pela PUC-SP, passou em um concurso público, mas nunca assumiu. Iniciou sua carreira jurídica em empresas multinacionais como Motorola e GE. Atualmente, ocupa um cargo de liderança na Amazon Brasil.

Mãe da Victória, 30 anos, e do Ricardo, 20 anos.

O trabalho como porto seguro

Sou uma mulher de muita sorte. No entanto, sempre que uso a palavra sorte, alguém me corrige: "Sorte, nada! Você trabalhou muito." Quando estava na faculdade, por exemplo, não pude fazer estágio, porque precisava trabalhar para pagar as mensalidades e o aluguel. Por muito tempo, vivi com o medo de não conseguir me sustentar como advogada. Enquanto meus amigos estagiavam, eu não tinha essa oportunidade e me perguntava: "Como vou entrar na profissão assim?" Foi por achar que era minha única chance que decidi prestar concurso público. No final, fui contratada por uma empresa e descobri outras formas de exercer a advocacia.

Foi no ambiente corporativo que me encontrei, com todos os seus desafios. Costumo brincar que detestaria viver cercada por advogados, pois somos normalmente muito chatos. Na empresa, o foco é mais voltado para o negócio, com menos contencioso e mais *business*, o que é mais divertido e dinâmico, embora nem soubesse, no começo da carreira, que preferia esse lado da profissão.

É um pouco assustador pensar no que o trabalho significa para mim, especialmente agora que estou me aproximando da aposentadoria. É difícil me imaginar nessa fase, porque o trabalho ocupou um espaço enorme na minha vida, sempre foi minha fuga, inclusive em momentos de crise. Sou o tipo de pessoa que, ao enfrentar uma separação ou uma depressão pós-parto, mergulha no trabalho. Sofro para me arrumar para uma festa, mas levo dois minutos para me arrumar para uma reunião. Hoje, a leitura se tornou outro refúgio, meu lugar de aconchego, mas sem dúvidas não é comparável. Além de me proporcionar o dinheiro para levar a vida que tenho, o trabalho me trouxe reconhecimento. É o lugar onde não hesito, meu porto seguro – com o perdão do clichê –, por isso é tão importante para mim.

Fico muito triste quando vejo pessoas perdendo o sentido de identidade ao saírem do mundo corporativo. Eu não sou a *Josie Amazon*, sou a Josie Jardim. Minha importância não está só no cargo que ocupo. Eu sei que, enquanto estou em uma posição de destaque, sou ouvida, sou cliente importante de escritórios, tenho voz, mas é fundamental estar preparada para outra fase da vida.

Ter uma mãe com 93 anos me faz refletir sobre o futuro, afinal, você não é só sua persona corporativa. As sessões de análise me ajudaram a enxergar o que eu construí ao longo da vida. Não é apenas sobre deixar um *legado*, mas saber que, no dia em que você se desvincula de uma empresa, você não perde seu valor. É preciso construir outras histórias, preparar-se para essa nova etapa. Desde que fiz 50 anos, venho refletindo muito e trabalhando essa questão internamente. A vida não se resume apenas ao nosso papel profissional.

A chegada dos filhos, o pós-parto e as suas avalanches

Eu estava no começo da carreira quando engravidei da minha primeira filha, Victória, e nem tinha muita certeza se queria ser mãe. Embora a sociedade nos pressione, não é algo de que possamos desistir, como um casamento, trabalho ou uma mudança de casa. Filho é diferente.

Naquele período, eu não senti que minha carreira tinha parado, mas, olhando para trás, vejo que foi uma das razões pelas quais entrei em depressão. Achei que daria conta de tudo e que seria incrível em todos os aspectos. Quando a Victória tinha menos de um mês, eu já estava trabalhando de casa. Amamentei até os onze meses nesse caos emocional.

Foi quando me deparei com duas sensações que só conhecia na teoria: culpa e solidão. Nunca tinha experimentado a culpa até aquele momento, e a solidão, mesmo cercada de cuidados, era avassaladora. Há trinta anos, ninguém preparava as mulheres, ninguém falava sobre depressão pós-parto. Foi somente bem mais tarde que descobri que acontece com muitas mulheres, em diferentes níveis, e que não significa que você não seja uma boa mãe. Hoje eu faço questão de falar sobre isso em palestras e conversas. É preciso compreender para poder se perdoar.

Durante a minha segunda gravidez, do Ricardo, que é dez anos mais novo que a Victória e tem vinte anos agora, eu já conhecia a depressão pós-parto e mesmo assim tomei outro capote emocional.

Fiquei muito frustrada, porque com o apoio do meu obstetra eu poderia ter feito um trabalho preventivo e evitado aquela dor. E foi uma dor absurda. Passados vinte anos, ainda sou incapaz de falar sobre isso sem me emocionar. O trabalho é o meu refúgio. É como se ele me dissesse: "Vem cá, isso você sabe fazer bem. Está tudo certo." Ricardo nasceu no dia 21 de abril, e no dia 20 eu estava fechando um grande negócio. Fui para o hospital às oito da manhã, exausta, sem ter dormido direito e sem me preocupar comigo mesma. Estava tão esgotada que as enfermeiras devem ter me achado uma louca.

A maternidade me transformou de maneiras pesadas, mas segui em frente. Hoje, tento não deixar ninguém que trabalhe comigo passar pelo que passei, voltando da licença-maternidade antes da hora ou se sacrificando demais. Sempre digo: "Isso tem um custo muito alto na vida." Na época, o que deu para eu fazer foi simplesmente sobreviver.

Foi o psiquiatra que me salvou. Nunca vou me esquecer daquele dia. Ele saiu de sua mesa, veio até mim, me abraçou e disse: "Não se preocupe, você tem uma questão química, vamos resolver. Não tem nada a ver com quem você é." Foi de uma delicadeza, eu me senti muito acolhida. Ele me mostrou que o problema não era eu, mas algo tratável.

Os apoios na primeira infância e a leveza da adolescência

Como a minha família mora em outra cidade, tive pouco apoio dos meus pais. Algumas vezes, minha mãe vinha para ficar com as crianças, principalmente com a Victória, mas eu contei muito com empregadas e babás, funcionárias a quem devo tudo. A Ana, por exemplo, veio trabalhar aqui quando o Ricardo nasceu e está comigo até hoje.

O Ricardo é fruto do meu segundo casamento, com o Reginaldo. Ele não tinha filhos do seu primeiro casamento e fez uma grande mudança na vida profissional para ser um pai presente. Essa atitude dele foi crucial para que eu continuasse com minha carreira, porque estava com 37 anos, no auge da minha trajetória profissional. Lembro de ter pensado: "Sério que você quer ter filho comigo? Então vai ter que assumir." Ele é professor universitário e arquiteto. Passou a organizar seus horários profissionais ao redor da agenda do filho, almoçava com ele todos os dias, levava e buscava na escola.

Resiliência e fragilidade

A maternidade trouxe tanto resiliência quanto fragilidade para o meu trabalho. Antes da Victória nascer, acreditava que tinha controle sobre tudo. Com ela, aprendi que nem tudo está nas minhas mãos, passei a ser mais gentil comigo mesma. Ainda sofro com a falta de controle, mas tento encarar as coisas com mais leveza agora. Além disso, a maternidade me tornou muito mais seletiva. Quando você tem filhos e muitas coisas acontecendo, ou faz uma triagem mental, ou não aguenta. Eu era *workaholic* e me orgulhava disso, mas aprendi que não é possível manter esse ritmo para sempre. Tudo bem dar mais peso a outras coisas e ter um horário para sair do trabalho. A maturidade te ensina a não se desesperar, afinal, o famoso *tudo passa* é real – tanto as coisas boas quanto as ruins.

Lições para os meus filhos

Não sei se foi o trabalho que me fez ser disciplinada, porque acho que já tinha essa característica em mim. Apesar de ser brincalhona, sou muito rigorosa, e vejo o quanto isso me ajudou. Em casa, sempre houve regras. Tem hora para comer, dormir, nunca tive medo de dizer não. Além disso, não há espaço para a mediocridade. Temos uma barra alta no sentido do esforço, do tentar fazer o seu melhor. Ninguém precisa sofrer para tirar nove ou dez no boletim, mas não quero nem saber de trabalho malfeito, de falta de empenho. Em qualquer área da vida, inclusive nas relações familiares, cumprimos com nossas responsabilidades.

Converso muito sobre responsabilidade, e o valor do trabalho e do dinheiro. Tanto eu quanto meu marido viemos de famílias humildes, mas nossos filhos cresceram em outra realidade. Tentamos mostrar para eles que nem todo mundo nasce em berço de ouro. Lembro de um dia em que minha filha falou: "Liga o ar, tia", no carro de uma amiga. Tive que explicar que nem todo carro tem ar-condicionado. Ela ficou chocada. Nesse momento, pensei: "Meu Deus, tô criando um monstro!" Não é a mesma coisa contar histórias sobre a vida dura que tivemos, porque eles não viveram isso. Cresci em uma casa pequena, com salário contado, dividindo tudo com meus quatro irmãos.

O valor do trabalho é algo que, como sociedade, pode estar se perdendo. Hoje em dia, as pessoas parecem dar mais valor à fama do que ao trabalho em si. Meu pai, português, dizia que não havia nada mais importante do que trabalhar e cuidar da família. Nunca me desvinculei totalmente dessa visão. Para mim, é simples: você trabalha, se esforça e conquista o reconhecimento. Essas são as lições que trago e que tento passar para os meus filhos.

Ricardo está na faculdade, fazendo *business*, e joga futebol; ele conseguiu uma bolsa de estudos nos EUA. Espero que trabalhe com algo que o realize, que tenha paixão e orgulho pelo que faz.

Victória é médica. Ela terminou as duas residências e está trabalhando. Meu marido brinca que a Victória *está encaminhada*, e é verdade. Ela tem uma profissão ótima. No entanto, gostaria que a vida profissional dela, como mulher, fosse um pouco mais simples, porque a Medicina ainda é uma área extremamente machista, especialmente na cirurgia, que é a área de especialização dela. O mundo hospitalar ainda não utiliza ferramentas básicas como *compliance* e comitês de ética. Embora eu e minha filha conversemos bastante sobre isso, e ela tenha criado uma *casca grossa*, gostaria que ela não precisasse gastar energia com essas questões e pudesse focar em crescer na profissão.

Não sou adepta do chavão *quero que eles sejam felizes*. É ingrata a busca incessante por felicidade, como se fosse algo constante, quando na verdade não é. O que eu realmente sonho para eles é que tenham a sensação de dever cumprido, orgulho de suas realizações, que consigam se superar, aprender e crescer individualmente. É muito mais gratificante olhar para o que se construiu, sentir orgulho e dizer: "Eu sou bom nisso, sei o que estou fazendo." É uma sensação real de que a vida está indo bem. Esse é o meu desejo mais profundo para eles.

Maternidade como parte da vida e não como definição

Queria mudar a legislação, queria que tivéssemos uma licença-paternidade estendida para que o homem também ficasse em casa com o bebê. Queria que as mulheres profissionais não fossem vistas como um *peso* para as corporações e que a divisão do trabalho doméstico fosse realmente igualitária. Enquanto não conquistamos essas mudanças, vou fazendo o meu melhor para ajudar as outras mulheres com quem trabalho ou convivo. Eu sempre falo para elas que a gravidez e a maternidade são uma fase da vida. A menos que você tenha muitos filhos, essa será uma etapa pequena da sua trajetória profissional. A maternidade não te define, só te melhora como profissional. Se alguém tentar colocar esse rótulo em você, não permita.

A importância do autocuidado e dos limites

Meu recado para as mães é: não desistam. Se ainda não têm filhos, pensem bem; mas, se já têm, não dá para desistir. Façam terapia e cuidem dos seus desejos, porque quando você cuida de si mesma, cuida melhor da família e dos filhos também. O problema é que, muitas vezes, esquecemos de nós. Seja um pouco egoísta! As críticas vão vir de qualquer jeito, seja por estar acima do peso, pelo jeito que se veste ou por viajar e deixar os filhos. Demorei muito para entender a importância desse autocuidado e paguei um preço alto. Se pudesse revisitar algumas escolhas, teria me colocado mais vezes em primeiro lugar. Eu me sentia como Sísifo, empurrando uma pedra montanha acima para vê-la rolar montanha abaixo, dia após dia. Agora, olhando em perspectiva, vejo que não precisa ser assim. Conheço colegas e amigas que se posicionaram, que colocaram limites, e acredito que elas sofreram menos.

Outro conselho importante: reconheçam que não é possível fazer tudo ao mesmo tempo. Há sempre histórias inspiradoras de pessoas que parecem ter conquistado tudo, mas a realidade é diferente. Ninguém tem um filho em um dia e, no outro, vira CEO. Então, relaxe. Se você passou por dois anos de gravidez e cuidados com o bebê, talvez a carreira tenha estacionado, mas não é para sempre. Depois você retoma a vida e os projetos.

Temos muitas pessoas jovens aqui na empresa e percebo que há essa expectativa de que as coisas deveriam ser diferentes. Concordo e faço a minha parte para promover mudanças, mas enquanto elas

não acontecem no ritmo que gostaríamos, é preciso lidar com a realidade e seguir em frente.

Victória, 30 anos

Desde cedo, sabia que minha mãe era advogada de empresa, isso nunca foi um mistério para mim. Foi só mais tarde que comecei a entender as diferenças entre uma advogada de escritório e o que minha mãe realmente fazia. Esse entendimento veio na adolescência, quando comecei a pensar mais sobre carreiras, até porque, nessa fase, estava me preparando para o vestibular.

Direito foi uma escolha que ficou pouco tempo na minha mente. Nessa época, comecei a questionar mais sobre profissões e a pensar de forma mais crítica sobre o trabalho da minha mãe. No fim, fui para o caminho oposto e escolhi a Medicina.

Um dos motivos pelos quais não escolhi Direito – além de achar que não tenho o menor perfil – foi justamente para evitar competir com minha própria mãe. Na época do vestibular, minha mãe era a principal responsável do *Jurídico de Saias*[7] e já tinha um certo renome, recebia prêmios. Sentia que deveria seguir um rumo completamente diferente, ou poderia criar uma confusão que não seria boa para nenhuma de nós.

Ao mesmo tempo, acompanhar a trajetória da minha mãe e ver o quanto ela cresceu, criou repertório e consolidou sua reputação foi muito inspirador. Ainda que sejamos de áreas diferentes, o *sarrafo* para mim ficou alto. Não dá para chegar em casa e ser *menos*. Ela estabeleceu um exemplo, um objetivo, um precedente. Não é que eu precise ser a melhor do Brasil, mas sei que preciso buscar a excelência no que eu faço.

Minha mãe sempre me apoiou, inclusive na decisão de ser médica, quando muitas pessoas questionavam se era isso mesmo que eu queria. Para ela, eram comentários totalmente desnecessários. Pelo exemplo dela, eu sabia que era possível atingir o sucesso. Não só escolhi a Medicina, como fui para a área de cirurgia, que é extremamente machista e dominada por homens. Trabalhei em equipes majoritariamente masculinas, muitas vezes sendo a única mulher. Aceitei os desafios e enfrentei tudo de cabeça erguida, porque sabia que era possível e, se precisasse, ela estaria ali para me ajudar. Ela abriu o caminho, e eu continuo trilhando o meu – igual, mas diferente.

A memória que tenho da minha mãe é ela sempre de terninho. Brinco que ia *fardada*. Lembro dela saindo cedo para trabalhar, mas, curiosamente, não tenho muitas lembranças de acordar e ela não estar em casa. Lembro que costumávamos tomar café da manhã juntas e o jantar também era sempre em família. Durante o dia, enquanto ela estava no trabalho, eu seguia com minha rotina. Lembro que, às vezes, ela me levava ao clube, mas toda hora ela precisava parar para responder

7 Grupo formado por mulheres advogadas atuantes em empresas privadas ou públicas, assim como em associações e entidades sem fins lucrativos em todo o Brasil. O grupo foi criado em 2009 e tem como objetivo o desenvolvimento profissional das mulheres nas carreiras do Direito, bem como a discussão sobre as questões de gênero e implementação de ferramentas de aceleração de carreira.

e-mails. Quando era pequena, cheguei a perguntar: "O que você faz no trabalho? Você só responde e-mails?"

A primeira empresa que me lembro foi a Motorola. Adorava ir ao escritório com ela, passava horas lá. Nessa época ela viajava bastante. Foi nesse período que vi alguém com aqueles celulares gigantes da marca e pensava: "O celular existe porque minha mãe está lá." Claro que ela não tinha nada a ver com a criação dos produtos, mas me sentia super orgulhosa de ter uma mãe que era daquela empresa.

As viagens dela variavam de fase para fase, mas nunca eram muito longas, no máximo uma semana. Nesses períodos, minha avó vinha a São Paulo para ficar comigo e era sempre um evento. Embora sentisse saudades e ficasse chateada quando ela precisava viajar, minha avó fazia o tempo passar de maneira divertida. Ela não era uma avó clássica de livro, mas me levava ao bingo, ao shopping da Vila Mariana e acompanhava minhas idas ao clube. Não buscava na escola, mas, quando eu chegava, tinha sempre um carinho: bolinho de chuva, feijoada, tudo o que eu gostava. Assim, na ausência da minha mãe, havia esse cuidado especial.

Como meus pais já eram separados, nos finais de semana eu ia para a casa do meu pai, o que ajudava a disfarçar a sensação de que minha mãe estava longe. Conforme fui crescendo, fui aprendendo a lidar melhor com isso. Chega uma hora que você entende que trabalho é trabalho, que nem sempre fazemos o que queremos e está tudo bem. Houve momentos em que eu sentia mais a ausência, outros em que sentia menos, mas, com o tempo, fui me acostumando.

Claro que, na minha formatura, preferia que ela tivesse ficado até o final, mas ela ficou por um tempo porque precisava pegar um voo, tiramos fotos juntas e isso já significava muito. Meu pai, meu padrasto e meu irmão estavam presentes também. Sempre havia um plano B, alguém para me apoiar. Nunca passou pela minha cabeça querer que minha mãe parasse de trabalhar.

Meu irmão provavelmente não se lembra da minha mãe antes do *Jurídico de Saias*, porque essa mudança foi mais gradual e já aconteceu em uma fase mais avançada da carreira dela. Percebo que acompanhei o crescimento profissional da minha mãe. Vi desde antes de ela ser diretora jurídica, passando pelas trocas de emprego e como ela lidava com essas mudanças com muito cuidado e responsabilidade. Ela era muito atenta na hora de considerar uma mudança, tanto em relação à empresa da qual ela estava saindo, quanto àquela para a qual estava indo. O profissionalismo da minha mãe sempre foi um exemplo claro para nós. Ela demonstrava que todo esforço traz recompensas, mesmo que não seja de imediato. O valor da ética no trabalho era algo que ela também fazia questão de transmitir. Minha mãe deixava claro que, como profissional, você é o que você constrói. Pode ter frequentado a melhor faculdade do mundo, mas se não trabalha bem, se não se esforça, isso não adianta.

Por outro lado, ela também mostrou que é normal estar de *saco cheio* de vez em quando, mas é preciso seguir em frente, porque esse é o compromisso. No trabalho, há momentos bons e ruins, tarefas chatas e outras mais bacanas, mas é o que nos permite conquistar as coisas: a casa, o carro, as viagens e a capacidade de ajudar os outros.

Atualmente, sinto que estamos muito mais próximas do que já fomos. A adolescência foi uma fase mais complicada, e quando saí de casa para a faculdade começamos a nos reaproximar. Não temos aquela relação de *melhores amigas* que algumas pessoas têm com suas mães, e que, pessoalmente, acho um pouco estranha. Nossa relação é de mãe e filha, com seus limites, com independência, com respeito. Não ficamos *grudadas* o tempo todo, mas ela é, de certa forma, minha melhor amiga.

Ultimamente, tanto ela quanto eu estamos trabalhando muito e, por isso, nos vendo menos. Algumas vezes, tentamos fugir dos meninos – eu escapo do meu namorado, ela do meu irmão e do meu padrasto –, e ficamos só nós duas. Temos uma parceria: há um programa em que o meu padrasto não quer ir, vai a mãe e a filha. Treino na academia? Vamos. É bom saber que posso contar com ela e ela, comigo.

Na minha vida profissional, tudo o que conquistei foi por mérito próprio e muito esforço. Mas a primeira pessoa que disse que eu conseguiria foi a minha mãe. Me formei em Medicina porque ela me disse que eu podia. Fiz Cirurgia Geral porque ela acreditava que eu podia. Também me ensinou a impor limites, a dizer não quando necessário, a exigir respeito, seja de um superior ou de um colega. Ela me ensinou a ser humilde, a reconhecer quando estou errada. Acima de tudo, me ensinou a ter responsabilidade, a aceitar que nem sempre a vida é fácil e que precisamos seguir em frente, trabalhando duro.

Uma coisa que sempre me impressiona na minha mãe é como ela é incansável. Não apenas no sentido de lutar contra as injustiças, mas de realmente estabelecer mudanças. Criou o *Jurídico de Saias*, fez mentorias para alunas negras de Direito e busca contratar serviços liderados por mulheres, especialmente mulheres negras. Ela quer ser a mudança e, sem saber, inspira muito mais pessoas do que imagina – inclusive a própria família. Tenho muita gratidão pelos seus ensinamentos, muito orgulho por sua trajetória e eu posso dizer: minha mãe é fod@!

Julia

Julia Ivantes nasceu em Nova Iguaçu, na Baixada Fluminense, em 1980. Formou-se em Direito pela UERJ em 2004 e trabalha na BAT Brasil (antiga Souza Cruz) desde 2014. Em 2018, foi morar na Inglaterra com o marido e os filhos pequenos. Em 2020, de volta ao Brasil, assumiu cargos importantes na empresa e, em janeiro de 2024, foi a primeira mulher a chegar à Vice-Presidência Jurídica da América Latina.

Mãe do Francisco, 11 anos, e do Fernando, 7 anos.

Viver em vez de ter

Minha vida profissional iniciou na UERJ, estudando Direito, e uma parte bem importante dela começou na Souza Cruz. Foi o trabalho que me permitiu exercer minhas potencialidades e fazer o que realmente me dá prazer. Sou uma pessoa que valoriza mais as experiências do que os bens materiais. Não tenho vontade de ter carro, apartamento, nada disso. Gosto de fazer programas interessantes, de realizar desejos. Com o trabalho, pude ter acesso à cultura e lazer. Sou apaixonada por música – sobretudo brasileira e em especial samba. Adoro acompanhar esportes, principalmente ir ao Maracanã para ver o Flamengo, meu time do coração e o maior do Brasil! Meu tempo livre se divide entre livros, *podcasts*, filmes, viagens e política. Além disso, pude, e posso, proporcionar às pessoas que eu amo – meus filhos, meus pais e minha irmã – entretenimento, viagens e acesso à saúde de qualidade.

Sou mãe orgulhosa do Francisco e do Fernando. Invisto grande parte do meu tempo educando essas crianças e aprendendo muito com elas. Os meninos são fruto da minha união e parceria de mais de vinte anos com o Tiago, com quem sou casada desde 2011.

Tenho uma carreira que me traz grande realização. Sobretudo porque pude pausá-la por duas vezes para ter meus filhos, sem qualquer prejuízo para o meu desenvolvimento profissional. Tive gestores muito empáticos e procuro perceber onde sou mais necessária em cada momento da vida. Hoje sinto que minha missão é levar para os espaços de poder dos quais faço parte o compromisso de criar melhores condições de trabalho e de vida para grupos minorizados, como as mulheres, as mães, a população negra e LGBTQIAP+. É onde está meu propósito e é isso que eu quero desenvolver nos próximos vinte anos da minha carreira.

Acordos e renúncias

Eu nunca sonhei em ser mãe. Não era um desejo na infância. Escuto muitas amigas falando: "Sempre quis ser mãe!" Eu não pensava muito nisso. Sempre quis ser uma profissional bem-sucedida e ter uma carreira. Depois que me casei com o Tiago é que surgiu a vontade de ter filhos desse relacionamento.

Em 2013, quando tive o Francisco, meu primeiro filho, eu trabalhava em um escritório de advocacia. Precisei estar muito convicta do estilo de maternidade que eu queria praticar, que não era o mesmo dos meus colegas de trabalho. Dentro daquela dinâmica, a maternidade só foi possível pelos meus acordos com o Tiago e pelas minhas renúncias. Por exemplo, era para eu ter apenas quatro meses de licença-maternidade; mas fiquei cinco meses fora, com as férias e recesso de final de ano.

A licença-maternidade do Fernando, em 2017, foi bem mais tranquila. Já estava mais madura e em uma posição mais sênior, graças às promoções que tive na empresa. Minha situação financeira também me deu mais tranquilidade para poder exercer a maternidade.

Conciliar carreira e maternidade não é nada fácil, em qualquer cenário, mas tenho ciência dos meus privilégios: sou uma mulher branca, em uma posição sênior na empresa e com um bom salário. Meu marido tem um papel muito importante nessa missão. Atualmente ele fica *na lida*: faz os 50% dele e, algumas vezes, mais do que os 50%. Ele operacionaliza, leva e busca as crianças na escola, faz supermercado, orienta a pessoa que trabalha em nossa casa... Temos uma parceria ótima, além de uma rede de apoio muito sólida: minha mãe, meu pai, minha irmã e meus sogros. São pessoas com quem eu sempre pude contar. Colocamos os meninos em escola com horário integral desde os seis meses. Quando eles não estavam na escola, estavam com os avós.

Apesar da minha posição no trabalho e da rede de apoio, ser mãe é uma tarefa desafiadora. Se um dia eu chego tarde da noite depois de três dias fora de casa, no dia seguinte eu adéquo a minha agenda para levá-los e buscá-los na escola, para ter esse momento com eles. Certamente, vai ter alguém me procurando para resolver algum problema do trabalho, faz parte, mas vou priorizando e entendendo, a cada dia, qual tarefa devo desempenhar naquele momento. Na verdade, você estará sempre desagradando alguém: no meu caso, ou a empresa, ou o Tiago, ou meus pais, ou minha irmã. Estou sempre em dívida com alguém. Sou uma devedora contumaz de diferentes credores.

Turbulências na vida e no trabalho

Ao longo desses anos, houve muitos momentos difíceis. Quando eu estava grávida do Francisco, escrevi um e-mail de dez parágrafos para um cliente: era basicamente uma *legal opinion*. O cliente me respondeu: "Julia, a gente não resolveu isso na reunião de quarta-feira?" Tinha esquecido completamente. Entrei na sala de um amigo e falei: "Minha carreira acabou, não tenho mais memória, não tenho condição!" Realmente, houve uma certa perda definitiva, não foi passageiro, pois foram anos dormindo muito pouco. Esse momento foi muito duro.

A volta ao trabalho depois da licença-maternidade do Chico foi outra fase complicada. Eu não queria voltar. Meu pai, no entanto, sempre me alertava sobre como é importante ser independente, como é preciso ter autonomia financeira, e eu absorvi isso. Voltei e, obviamente, foi a melhor coisa que eu fiz. O nascimento do Fernando, apesar da alegria imensa, foi um desafio emocional. Na licença-maternidade do segundo filho, você vê o quanto não está acompanhando o crescimento do seu filho mais velho. Fica muito claro o que você está perdendo quando está no trabalho.

Em 2018, eu estava na BAT – minha irmã brinca que, quando tudo está tranquilo, eu *invento alguma coisa* – e resolvi aceitar o convite para me mudar para Londres, quando o Fernando tinha apenas um ano e quatro meses. Era o sonho da minha vida e todo mundo estava indo por minha causa. Éramos nós quatro, um sonho e doze malas! Fiquei acordada a viagem inteira, o Fernando não dormia um minuto e, já em Londres, ele não se adaptou ao fuso horário. A vida do Tiago mudou completamente: um dia ele estava trabalhando e, no outro, virou o principal cuidador, responsável por fazer as compras, fazer a adaptação na creche, se entender com a lava-roupas e com o lixo reciclável. Chegamos em setembro e até o Natal foi horrível. O Chico não se adaptou à escola por causa do idioma. Foi muito dicotômico, pois eu estava realizando meu sonho e meu filho estava sofrendo. Cheguei a pensar em voltar: "O que que a gente está fazendo da nossa vida? Tínhamos uma vida boa, não precisamos passar por isso." Mas fomos resilientes: conseguimos uma psicóloga que ajudou o Chico na transição, a vida melhorou, e o ano seguinte foi ótimo.

A maternidade como transformação para o trabalho

Posso dizer que a maternidade trouxe muitas coisas boas para o meu trabalho, como abraçar a responsabilidade pelo que está sob minha guarda. Eu fui profissional muitos anos antes de ser mãe e acredito que já tinha esse comportamento no escritório, mas a maternidade amplifica. Foi uma das experiências mais transformadoras da minha vida. No trabalho, você está lidando com pessoas de todos os jeitos, com todo tipo de *background*, tem que ter empatia.

Eu desenvolvi habilidades de liderança que eu não sei se teria se não fossem os meninos. Precisamos priorizar, permitir que os liderados tenham autonomia, ser uma pessoa para guiar, mas não para executar. Há também a questão de lidar com o desconhecido. Na empresa, tinha bastante domínio técnico do que estava fazendo, mas agora eu estou em uma posição em que lido com países com legislações que eu não conheço – e nem tenho a pretensão de me tornar uma especialista na legislação de seis países. Com a maternidade, aprendi a ser mais tolerante, a enxergar que o erro não é uma coisa catastrófica. Primeiro eu descubro como resolver o problema, para depois ver como administro as consequências. Eventualmente, vou agir com firmeza, mas avaliando se é realmente necessário, como quando meus filhos cometem erros graves.

Quanto ao futuro do Francisco e do Fernando, desejo que tenham a liberdade de escolher uma profissão, qualquer que seja, em que eles possam se comprometer com muita ética e honestidade. Espero que eles entendam que trabalho é trabalho por uma razão e não busquem exclusivamente o prazer. Ao mesmo tempo, quero que se divirtam, sendo felizes em suas profissões e tendo a alegria de garantirem suas próprias subsistências, por serem autônomos. Não é uma frase perfeita, mas espero que eles consigam se comprometer eticamente e que possam prover as vidas que gostariam de ter.

Conciliação absoluta é um mito

Se eu pudesse dar um conselho para uma mulher que é mãe e que também tem uma vida profissional, seria: aplauda a si mesma. Criar um indivíduo e desenvolver uma carreira é muita coisa! Aquele reconhecimento que ninguém te dá, dê a você mesma. É fundamental ser firme sobre o que é inegociável: estabeleça seus limites, tanto em casa quanto no trabalho. Essa jornada de autoconhecimento é muito importante, em todos os lugares. Tenha em mente que não há conciliação perfeita: ontem, estava focada no trabalho; hoje, estou aqui focada nos meus filhos. A conciliação absoluta é um mito: ora terá que ser uma coisa, ora terá que ser outra. Só assim você vai conseguir, com base nessa bússola dos seus limites, entender onde você é mais necessária naquele momento.

Francisco, 11 anos

Minha mãe fez faculdade na UERJ, depois começou a trabalhar na BAT e hoje é vice-presidente. A gente foi um dia no antigo escritório dela, na época de Natal. No novo, eu ainda não fui. Hoje acho que ela lidera mais de cem pessoas no trabalho. Ela é advogada e resolve tudo. Em casa também. Não sei direito o que ela faz, mas sei que ela tenta contratar pessoas boas para a empresa.

O trabalho da mamãe é muito importante, porque ele serve para bastante coisa, mas ela trabalha muito e fica muito cansada. Às vezes, a mamãe fica estressada no trabalho com coisas que acontecem e que não são fáceis de lidar. Mas ela não desconta na gente, porque sabe que a gente não tem nada a ver com aquilo. Claro que ela não fica com a mesma paciência que tem normalmente, mas também não desconta na gente.

Minha mãe viaja muito e eu sinto saudade dela às vezes. Teve uma vez que eu estava em Araras e, quando voltei para casa, comecei a correr pela sala. Meu pé prendeu em uma mochila e eu fui com a boca na parede. Quebrei meu dente e ela não estava comigo naquela hora. Queria que ela estivesse, mas ela estava no avião, voltando de Londres.

Ela ganha bem e a gente pode estudar em escola boa, ter saúde boa. Eu conheci Londres por causa do trabalho da mamãe. A gente também foi para a Bélgica, foi bem legal! Para a Escócia, Irlanda... Eu também gostei da Irlanda, de Liverpool... Aqui no Brasil, recentemente a gente foi para a Chapada. Eu gostei de Taipu de Fora e da Amazônia. Ah, ela já tocou em um bloco de carnaval.

Hoje, eu não penso no que vou ser quando crescer, mas já quis ser engenheiro, designer, jogador de basquete e arquiteto, não penso em fazer Direito.

Fernando, 7 anos

Minha mãe é advogada. Advogado faz muitas coisas, tipo resolver mistérios. Já fui visitar a mamãe no trabalho. Lá tem uma paisagem ótima e a vista da sala dela é muito bonita. Eu comi muito *cookie* lá. Tem comida no trabalho da mamãe. Ping-pong também. E óculos de realidade virtual. Mas eu não converso com meus colegas sobre o trabalho da mamãe, não. Nunca! E se eles forem um dia para a BAT para roubar tudo?

Ela fica muito tempo longe da gente e eu sinto falta dela. Teve uma vez que ela ficou fora dez dias. Tem horas que eu preciso dela, como quando o papai brigou comigo. Eu queria a mamãe, mas ela não estava. Ela também perdeu minha apresentação de final de ano porque estava doente no hospital.

A mamãe ganha muita grana no trabalho. Grana na mão para a gente fazer muitas coisas! O que eu mais gosto de fazer é ver TV ou vídeos no *tablet*. Ela também fica muito nervosa no trabalho. Em casa não. Ela separa bem: aqui e ali. Na hora de dormir, ela sempre fala que gosta da gente. Ela é uma ótima mãe.

Eu sei o que vou ser quando crescer: vou jogar futebol! Eu tenho uma outra opção também: astronauta! Eu nunca vou ser advogado.

Juliana

Juliana Durante nasceu no Rio de Janeiro, tem 41 anos e é economista. Em seu primeiro estágio na Merril Lynch, aos 19 anos, se encantou com o dinamismo do mercado financeiro. Com vinte anos, entrou no Opportunity como estagiária e, ao longo de oito anos, chegou a ser responsável pela área de *Private Banking* no Rio de Janeiro. Posteriormente, passou pela 3G Capital e STK Capital. Atualmente, atua no Opportunity Auster, em *Wealth Management*, onde continua a construir sua carreira.

Mãe da Daniela, 9 anos, e do Eduardo, 7 anos.

Carreira e família: metades do mesmo sonho

Comecei a trabalhar muito cedo porque era meu sonho conquistar a independência. Sempre fui boa aluna e, no último ano da faculdade, fui convidada para fazer mestrado, com direito à bolsa. Aproveitei a oportunidade e fiz o curso à noite enquanto trabalhava no Opportunity. Via o estudo como um meio, não um fim. Meu foco sempre foi o trabalho e tinha muito claro que eu queria tanto ter sucesso e uma carreira quanto construir uma família. Nunca coloquei um acima do outro.

Às vezes, penso: "E se eu tivesse feito isso ou aquilo de outra forma? Será que seria possível estar mais presente em casa tendo o mesmo sucesso profissional? Ou será que conseguiria ir mais longe na minha careira sem prejudicar meu papel como mãe?" Acho que essa sensação é comum em qualquer situação. No entanto, ao olhar para trás, o sentimento é de realização por ter conseguido conciliar a vida profissional com a pessoal, apesar de todas as dificuldades. A maternidade muda a vida de toda mulher, e comigo não foi diferente. Até a chegada de um filho, é fácil manter a vida sob controle, mas depois tudo fica mais complicado. Há muitos afazeres, tudo acontece ao mesmo tempo, e essa dinâmica é um grande aprendizado.

Equilíbrio difícil de alcançar

Até a minha primeira filha, Dani, completar um ano, eu trabalhava muito. Tirei apenas três meses de licença-maternidade e precisei me desdobrar para conciliar meu trabalho e minha nova realidade como mãe. Era uma rotina pesada que incluía retirada de leite pelo menos duas vezes ao dia e amamentação na hora do almoço. Sempre fui muito disciplinada e entendia o quanto era importante a amamentação exclusiva nos primeiros seis meses. Apesar de ter sido um período difícil, o fato de eu ter apenas a Dani me permitiu focar no trabalho e ainda dedicar o restante do meu tempo livre a ela.

Dudu nasceu em 2016. Com dois filhos – a Dani estava com um ano e meio de idade –, tomei uma decisão nada simples e improvável para uma pessoa como eu, que foi parar temporariamente o meu trabalho. Durante oito meses, decidi ficar em casa para me dedicar mais a eles. Foi um período diferente, mas enriquecedor. Minha rotina consistia em levar e buscar a Dani na escolinha, participar das aulinhas de música e rotinas do Dudu, além de ter tempo para mim. Voltei a correr e jogar vôlei, duas coisas que eu adoro e que hoje fazem parte do meu dia a dia. Sabia que era um momento que não voltaria e sabia também que dificilmente conseguiria ficar longe do meu trabalho por muito tempo, então aproveitei bastante esse período com eles.

Em agosto de 2018, quando meu filho menor já tinha quase dois anos, recebi uma proposta para voltar a trabalhar. Fiquei muito feliz por ter a oportunidade de retomar a minha carreira, mesmo que ainda preocupada por ter que deixar dois filhos pequenos em casa. Consegui o que talvez todas as mães desejariam ter: um horário de trabalho mais flexível, que me permitia voltar para casa mais cedo e assim passar mais tempo com as crianças.

Essa rotina mais flexível só foi alterada depois da pandemia, quando optei por voltar ao trabalho integral. Com as crianças agora maiores, resolvi novamente focar um pouco mais no trabalho. Eles se ajustaram à nova rotina e entenderam o quanto o trabalho é importante para mim e o quanto eu me esforço também para estar com eles nos momentos livres. Faço questão de chegar todas as noites para fazer uma parte dos deveres de casa com eles e colocá-los para dormir. Nos finais de semana, eu e meu marido somos 100% dedicados a eles. Não temos ajuda e fazemos todos os tipos de atividades juntos: andar de bicicleta, cinema, praia, clube, almoços em família.

Márcio, meu marido, é médico e tem um horário bem diferente do meu, e que varia bastante também. Há dias em que ele é muito presente, chega cedo e faz o dever com as crianças, e eu nem preciso me preocupar. Em outros, quando tem cirurgia e chega tarde, eu tento ajustar minha agenda para estar mais presente, chegando mais cedo. Assim, vamos equilibrando as responsabilidades de acordo com a necessidade.

Ainda hoje, mesmo em famílias em que pai e mãe trabalham fora, as responsabilidades de casa geralmente recaem mais sobre as mães. Meu marido tem uma mentalidade mais aberta, e quando começamos a namorar, eu já era uma pessoa com uma carreira e ambições profissionais. Não houve surpresas: ele sabia que o trabalho fazia parte da minha essência e que renunciar à minha vida profissional não seria uma opção. Após termos filhos, ele nunca sugeriu que eu devesse parar de trabalhar. Quando decidi pausar temporariamente a minha carreira para ficar em casa com as crianças, foi uma escolha minha. Ele me disse simplesmente: "Eu te apoio no que você decidir."

Desde o início, as funções aqui em casa foram bem divididas. Às vezes, ele dizia: "Ah, mas eu ajudo tanto." Ao que eu reagia: "Não quero ajuda, quero uma divisão de tarefas." A divisão de responsabilidades já foi motivo de brigas sim, mas com o tempo fomos nos ajustando. Hoje, posso dizer que temos um bom equilíbrio.

Às vezes, ele brinca: "Mas você faz isso melhor." E respondo: "Se for assim, vou acabar fazendo tudo." Fazemos essa brincadeira porque ele me respeita e eu o respeito. Sabemos que estamos constantemente dando o nosso melhor em favor de uma família unida. Ele é um ótimo pai e eu sou uma ótima mãe, e é importante que a gente sempre reconheça isso.

Como eu sou controladora, a organização da casa e das rotinas acabou sendo minha tarefa. É o famoso *mental load* que todo mundo conhece. Eu tenho a tendência de centralizar tudo, de querer que as coisas fossem feitas do meu jeito. Aprendi a delegar, mas foi um aprendizado bastante difícil. Atualmente, posso dizer que o Márcio faz quase metade do que tem que ser feito em casa, o que eu reconheço que é raro nas famílias de hoje. Uma amiga me dizia: "Você precisa escrever um livro sobre como conseguiu fazer tudo isso funcionar." Parece simples, mas saber delegar não é trivial. As mulheres se acostumam a controlar – e me incluo aqui – e, quando precisam delegar, não conseguem desapegar. Querem que tudo seja feito do seu jeito. É compreensível achar que *o nosso* é o jeito correto, pois sempre foi feito assim. No entanto, a verdade é que não existe certo e errado, e sim formas diferentes de fazer determinadas funções. As coisas podem não ser feitas exatamente como você gostaria, mas elas vão ser feitas e, talvez, a forma diferente irá gerar um aprendizado para todos os envolvidos: mãe, pai e crianças. Tenha a certeza de que o pai tem a mesma capacidade, só falta vontade e necessidade.

Entendo que, muitas vezes, as respectivas responsabilidades do pai e da mãe possam estar atreladas à figura do principal provedor da família, que, muitas vezes, é a figura paterna. Isso nunca foi um problema na minha casa por termos carreiras independentes e, principalmente, por entendermos o quanto é importante a colaboração bilateral em todos os aspectos. O diálogo é a chave para entender que a divisão de tarefas não precisa ser rígida ou igualitária em todos os momentos, mas sim adaptada à realidade de cada família.

A colaboração na divisão das tarefas também é uma excelente forma de ensinar às crianças valores como solidariedade, empatia e respeito.

Sinto que o meu marido fica muito feliz em estar presente na vida das crianças. Ambos temos papéis fundamentais na vida deles e na construção de uma família equilibrada e feliz. Hoje, ele é tão responsável por eles quanto eu.

Aceitar menos do que o ideal

Eu realmente me tornei uma pessoa melhor, o que se reflete até no trabalho. Sempre fui muito exigente, e ainda sou, mas hoje sou mais paciente, mais compassiva, e aprendi a lidar com as situações de maneira diferente. Quando encontro pessoas com quem já trabalhei no passado, elas percebem essa mudança. Acho que a maternidade traz esse aprendizado, nos torna mais tolerantes. Entendemos que não dá para controlar tudo nem ser perfeita o tempo todo. A ideia de *fazer tudo* – ter filhos, sucesso no trabalho e estar bem em todas as áreas – é possível, mas a perfeição não. O sucesso não significa estar 100% em tudo o tempo todo: existe uma zona cinzenta. Em algum momento, algo vai deixar de ser feito, portanto, o grande aprendizado é aceitar menos do que o ideal.

Já passei por vários momentos diferentes: aqueles em que estava muito focada no trabalho e aqueles em que me dediquei mais à maternidade. O ideal é tentar encontrar o que funciona melhor para você e sua família naquele momento. Também aprendi a balancear minha vida de acordo com a disponibilidade das pessoas ao meu redor: há épocas em que o Márcio pode estar mais presente, e eu consigo me ausentar um pouco mais. Meus pais, que moraram fora por muito tempo, retornaram ao Brasil e agora podem nos ajudar mais. Meus sogros também são presentes. Como meus filhos estão maiores, as demandas são um pouco mais fáceis, mas o segredo é encontrar esse equilíbrio diariamente, adaptando para cada dia, semana ou mês.

Trabalhar é sempre importante

Eu me considero uma pessoa disciplinada, eficiente e responsável, qualidades que tenho no trabalho e funcionam muito bem em casa. Eu levo as crianças ao escritório de vez em quando, pois para mim é importante que eles valorizem o trabalho, que tenham ambição profissional para o desenvolvimento de uma mentalidade responsável e ética. Trabalhando, você aprende a dar valor ao dinheiro e a tudo o que ele proporciona.

Espero que eles possam escolher uma profissão não porque precisam ganhar dinheiro, mas porque querem ser bem-sucedidos, e que sintam prazer em trabalhar. Se um deles optar por trabalhar menos e se dedicar mais à família, será uma opção deles, mas trabalhar é sempre importante e ajuda a construir o caráter. Ter sucesso na vida profissional e familiar gera um sentimento profundo de completude. Se você já tem um e quiser buscar o outro, nunca é tarde. Hoje em dia vemos mulheres construindo famílias a partir dos 40 anos. Também vejo pessoas que renunciaram à carreira profissional lá atrás, hoje estão reconstruindo sua trajetória e sendo muito felizes. Acredito que todo mundo tem o poder de se reinventar. São dois lados que vão te fazer mais completa e vão te fazer uma pessoa melhor, tanto na vida profissional sendo uma mãe, quanto na vida pessoal tendo sucesso profissional.

Daniela, 9 anos

Minha mãe é economista. Eu sei que ela guarda e multiplica dinheiro. Quando eu vou ao trabalho com ela, vejo que está toda hora digitando no computador. Acho o trabalho dela legal. Minha mãe gosta do que faz, dá para perceber.

Ela viaja mais ou menos uma vez por mês, mas é rápido. Vai para São Paulo na quarta e já volta na quinta. Ela nunca faltou a algo importante na minha vida. Isso é muito especial – ela sempre dá um jeito de estar presente e, quando precisa, até cancela compromissos de trabalho.

Quando eu crescer, já sei o que quero ser: vou ser professora. Gosto muito de contar histórias e de ensinar. Na minha escola, temos várias professoras para diferentes turmas, e eu quero ser professora dos pequenos, das crianças mais novas.

Sei que ela usa o dinheiro que ganha para a gente viajar, comprar comida e muitas outras coisas. Passamos muito tempo juntos em família, aproveitando os momentos. A gente adora jantar fora e, às vezes, vamos para a praia de manhã. Meus pais jogam vôlei; primeiro minha mãe joga enquanto meu pai fica com a gente, e então eles trocam. Às vezes, nós quatro ficamos juntos depois.

Eu faço várias atividades durante a semana e tenho muito dever de casa. Minha rotina é cheia, mas eu gosto de fazer todas essas coisas. Quando minha mãe chega em casa ela costuma sentar comigo, pergunta do meu dia e faz deveres comigo.

No Dia das Mães, fiz um livro que dizia o quanto eu amo a minha mãe. Eu sempre faço algo bem especial nessas datas, tanto no Dia das Mães quanto no Dia dos Pais.

Acho que seria legal ser como minha mãe. Eu diria que ela cabe no nosso coração!

Eduardo, 7 anos

Minha mãe é economista. Eu não sei exatamente o que ela faz todos os dias no trabalho, mas eu já fui ao escritório dela algumas vezes. Lembro que ela ficava muito concentrada, sentada com duas telas de computador na frente. Ela falava com alguém e parecia estar prestando muita atenção. É assim que minha mãe ganha dinheiro.

Com o dinheiro, a gente viaja, compra coisas legais e até comprou uma casa. Acho que minha mãe gosta do trabalho dela. O que mais gosto de fazer com minha mãe é viajar. Às vezes, a gente também joga Perfil e Imagem & Ação em família ou janta na sala todos juntos, o que é bem divertido. Minha mãe prepara o melhor salmão do mundo.

Eu queria que a mamãe não trabalhasse para ficar em casa mais tempo com a gente, mas ela não viaja muito por causa do trabalho, então tudo bem. Ela também sempre prepara o meu café da manhã. Eu adoro quando ela faz panqueca de banana!

Durante a semana, minha rotina é cheia. Mas eu adoro as atividades depois da escola. Se eu pudesse dizer algo para minha mãe agora, eu diria: "Eu amo você!"

Márcia

Márcia Silveira é jornalista com mais de vinte anos de experiência nas áreas de Comunicação e Marketing, tendo assumido cargos de liderança em instituições como o Sistema B e a *startup* Beleza Natural. Hoje é *Head* de Diversidade e Inclusão para *Advocacy* e *Influence* na L'Oréal Brasil, sendo uma referência para essa área em diversos espaços de discussão. Em 2022, o site *Mundo Negro* a apontou como uma das dez mulheres negras de destaque no Brasil. Em 2023, a *Revista Raça* a elencou entre as dez maiores executivas negras do país.

Mãe solo da Manuela, 13 anos.

O exemplo vem de casa

O trabalho sempre ocupou um papel central na minha vida, muito por conta da criação que recebi. Meu pai, concursado da Petrobras, e minha mãe, do Banespa, cresceram acreditando que o concurso público era o caminho para o sucesso e a estabilidade. Essa mentalidade era muito forte na década de 1970 e permeou toda a minha educação. Sou a terceira geração de formados na minha família e todos, desde tios até primos, seguiram o caminho do serviço público. A educação e o trabalho sempre foram valorizados, e fui preparada desde cedo para ser bem-sucedida profissionalmente, muito mais do que para me preocupar com questões amorosas ou construir uma família. Minha formação foi totalmente voltada para o trabalho, o que se refletiu nas escolhas que fiz ao longo da vida.

Minha mãe repetia uma lição do meu avô, que foi executivo no Cais do Porto: "Não trabalhe para o *português*, ele te demite quando quiser." Essa fala, que traz uma referência à colonização, carregava o desejo de segurança que só o serviço público parecia oferecer naquela época. Era uma herança de um período pós-ditadura, quando a estabilidade financeira era o grande sonho.

No entanto, eu não segui o caminho que meus pais esperavam. Quando decidi cursar Jornalismo, meu pai ficou surpreso. Ele me questionava: "Que concurso você pode prestar sendo jornalista?" Para ele, a solução era simples: "Faz Direito, porque se você não quer a área médica, o Direito te abrirá portas para muitos concursos. Você vai ficar rica." Mas eu estava determinada: queria ser jornalista, não advogada.

Para agradar meus pais, eu incluí Direito entre as opções no vestibular da UERJ, mas em todas as outras universidades coloquei Jornalismo. Meu pai, ainda preocupado, chegou a me oferecer um salário-mínimo para que eu pudesse ficar em casa apenas estudando para concursos. Ele estava disposto a pagar minha gasolina, minhas despesas, o que fosse necessário, contanto que eu seguisse o caminho seguro do serviço público. Eu estava no auge da minha energia e da vontade de crescer, não tinha a menor intenção de desistir dos meus sonhos.

A chegada e a partida do Guilherme

Eu já era bem-sucedida como assessora de imprensa do time de vôlei feminino do Bernardinho, lidando com marcas importantes como Rexona e Ades, do grupo Unilever. Era uma posição rara para uma mulher negra, e eu estava constantemente viajando pelo Brasil, gerenciando a reputação e o marketing esportivo dessas empresas.

Minha vida pessoal ficou em segundo plano, especialmente porque, no início da carreira, eu era obesa e não despertava interesse em ninguém. Por muito tempo, os relacionamentos afetivos não foram prioridade, eu focava totalmente nos relacionamentos com amigos e familiares, no trabalho e nos estudos. Só mais tarde, por volta dos 25 anos, eu comecei a me envolver afetivamente. Foi nessa fase que conheci o pai da Manu e começamos a namorar. Pouco depois de um ano, engravidei.

Meu primeiro filho, Guilherme, nasceu em outubro de 2005, mas faleceu tragicamente aos três meses, após uma broncoaspiração. Na época, eu tinha 26 anos, e a perda foi devastadora. Embora a gravidez não tivesse sido planejada, cuidamos dele com todo o carinho, mas o acidente aconteceu. Carreguei uma culpa imensa, achando que havia falhado. Somente um ano após a morte de Guilherme, um médico me disse algo que aliviou um pouco minha dor: "Foi um acidente, ninguém tem culpa. Até em hospitais, com todo o monitoramento, essas tragédias acontecem."

Depois disso, decidi que não teria mais filhos. Continuei casada, com o trabalho sendo a minha válvula de escape.

De jornalista a executiva, de executiva a mãe da Manu

Fui fazer pós-graduação, porque era onde eu tinha controle na vida: na educação e no trabalho. Toda vez que eu fazia uma formação educacional, eu mudava de carreira. Naquele momento, decidi que não queria mais ser assessora de imprensa, eu queria ser executiva: "Agora vou procurar uma empresa para trabalhar como executiva de marketing, comunicação, algo nessa linha." Foi quando entrei no Beleza Natural, uma *startup* incrível, liderada por mulheres negras. Uma delas era ex-empregada doméstica, com uma habilidade impressionante de comandar, mesmo sem ter o segundo grau completo. A outra tinha formações fantásticas, com estudos em Kellogg's e Harvard. Trabalhar lá foi um grande desafio, mas me rendeu muitos aprendizados, já que, como profissional da Comunicação, eu circulava entre várias áreas e líderes, o que me fez crescer muito profissionalmente.

Seis anos depois de iniciar no Beleza Natural, descobri que estava grávida.

A gravidez foi muito tensa. Quando Manu nasceu, eu dormi 45 dias sentada com ela nos braços porque não tinha coragem de botá-la no berço. Cremilda, que nos ajudava com as tarefas domésticas, não aguentou e disse: "Essa casa está maluca, você está maluca e eu não vou ficar aqui." Eu pedi que não fosse, e ela respondeu: "É só um bebê, ela não vai morrer. Eu sei que vocês têm uma questão aí, que eu não vivi, mas essa criança vai vingar." Ela foi muito firme e disse: "Você precisa dormir. Você vai colocar essa criança no berço, ela vai dormir, acordar, mamar, arrotar e vai dormir de novo." Foi o que fiz. Cremilda está conosco até hoje, nós a chamamos de Crêcrê.

Quando me separei, Manu tinha dois anos. Eu nunca quis ser mãe solo, não foi planejado. Sonhava em me casar, dividir as responsabilidades, fazer todos aqueles rituais do amor romântico. Na década de 1980, havia essa ideia de *produção independente*. Eu pensava: "Deus me livre criar uma criança sem pai", mas foi o que aconteceu. Eu e Manu ficamos sozinhas, com o apoio da minha mãe, que agora era a vovó Guacirema, e da Crecrê. Minha mãe sempre foi o pilar, eu até brinco chamando-a de *minha marida*, porque em toda decisão importante, eu a consulto primeiro: no meu segundo casamento, ou quando recebi o convite para morar em Nova York, por exemplo.

Viajei muito a trabalho desde que Manu era pequena, e os cuidados da minha mãe eram essenciais. A pediatra me tranquilizava: "Viajar não é problema, mas você tem que voltar nas datas combinadas. Tem que dizer quantos dias vai ficar fora e cumprir, porque senão você vai criar insegurança e traumas." Desde então, fiz questão de combinar com a Manu: "Eu volto depois de amanhã". Funcionava muito bem, e mantivemos esse hábito desde que ela era bem pequena.

Lembro que, no meu primeiro intercâmbio, Manu tinha dois anos. Eu estava em Boston, e todo dia ela pedia para eu mostrar o quarto. No primeiro dia, eu mostrei a escrivaninha e, em cima, havia um pacote de biscoito Oreo. Ela perguntou: "O que é isso?" Eu disse: "É um biscoito." A partir daquele dia, toda vez que eu ligava, ela pedia: "Mamãe, mostra o quarto de novo, cadê o biscoito?" Eu deixava o pacote ali, intocado, só para ela ver. Até hoje, mando Oreos de Nova York para ela, porque ela ama. Esse ritual se tornou uma conexão nossa.

Mesmo culpada por estar longe, toda vez eu trazia algo quando voltava: brinquedos, biscoitos, guloseimas, ou os *zoiudos*, que são bichinhos de pelúcia vendidos nos aeroportos. Esse gesto de sempre trazer algo, por menor que fosse, era minha forma de manter o vínculo com ela, de mostrar que, mesmo longe, eu pensava nela o tempo todo.

Desemprego e desamparo

Quando voltei de Nova York, depois de morar lá por quase um ano e meio, eu decidi sair do Beleza Natural. Em onze anos na empresa, já havia alcançado tudo que desejava como intraempreendedora, inclusive abrir um negócio em Nova York. Contudo, a pandemia veio, e os dez meses de desemprego foram um choque. Nunca imaginei que ficaria nessa situação, o que me fez repensar o valor do trabalho em minha vida.

Nesse período em casa, lembro que, toda segunda-feira, eu pensava: “A semana está começando e eu estou na mesma situação.” Eu continuava fazendo entrevistas, mas as decisões sobre a minha contratação nunca vinham. Participei de diversos processos seletivos, todos sem sucesso, o que foi se tornando muito doloroso. Eu já estava perdendo as esperanças.

Na minha família, o desemprego nunca foi uma realidade. Todos sempre estiveram empregados ou concursados, com estabilidade. Não havia referências de alguém para conversar sobre o que eu estava passando. Meus pais, aposentados, tentavam me acalmar, e meu pai até sugeriu que eu estudasse para concursos. Foi nesse momento que percebi como o trabalho vai além do dinheiro; ele me traz uma sensação de poder e controle sobre minha vida.

Lembro que as coisas começaram a mudar na mesma época da morte do George Floyd, um afro-americano covardemente assassinado por um policial branco no Minessota, nos Estados Unidos. Ele morreu no final de maio e eu fui contratada no Sistema B em julho, o que trouxe uma virada. Esse período me fez valorizar ainda mais o trabalho, pois, pela primeira vez, senti o peso do desemprego.

Conforto e equilíbrio

Um ano após a morte do Guilherme, ainda me pegava pensando: "Eu não devia ter saído, não devia ter dormido, não devia ter conversado." Vivia presa no *e se?* e o que me ajudou foi o suporte psicológico. Nunca abdiquei dessa ajuda fundamental para lidar com a dor.

A terapia me fortalece, especialmente em situações em que sou a única pessoa negra em certos espaços de poder, o que ainda acontece com frequência. Sempre que me vejo desviando do meu equilíbrio, sei que preciso voltar à terapia para me reconectar.

Cuido muito dos outros, mas também aprendi a cuidar de mim. Olho para o meu bem-estar, minha aparência, e toda vez me pergunto: "Está confortável para mim?" Se não estiver, eu paro. Esse autocuidado é fundamental, e não tenho receio de priorizar minhas necessidades quando preciso.

Olhar 360° e planejamento: habilidades da maternidade e da vida profissional

Acredito que trouxe muito mais da maternidade para o meu trabalho do que o inverso. Esse olhar 360° que uma mãe tem para as pessoas e para a equipe sempre esteve presente em mim. Um dos meus maiores talentos é a liderança, mas não apenas no sentido de gerenciar projetos. Não sou a *Program Management Officer* perfeita. Quando se trata de execução, muitas vezes deixo que outros liderem. Eu sou muito boa em fazer *follow-up* e em me relacionar com as pessoas. A maternidade me deu uma perspectiva aguçada, tornando-me mais atenta mesmo quando estou distante, especialmente como mãe solo, em que preciso desempenhar ambos os papéis, de pai e mãe.

Também levei para o trabalho alguns aspectos da maternidade, como ter um ouvido aberto e entender as pessoas. A assertividade que desenvolvi na maternidade é outra característica que se reflete no trabalho, como dar uma bronca às vezes, por exemplo. Busco sempre ser justa, pois não tolero injustiças. Fico atenta ao que ofereço a um colaborador e ao que posso dar a outro, sabendo que as necessidades não são iguais, especialmente em um ambiente que valoriza a diversidade. Eu percebo que muito do que faço hoje já era uma prática que eu adotava antes, porque era o que eu gostaria que fizessem comigo.

O que eu trouxe do trabalho para a maternidade definitivamente envolve organização: planejamento, prazos e definição de prioridades são essenciais. Sempre digo que, até para se divertir, é preciso planejar. Se alguém menciona que me viu em duas festas, é porque tudo estava organizado. Planejo quanto tempo ficarei em cada evento, com quem estarei e até o que vou vestir, pois a roupa pode influenciar a aceitação nas diferentes situações sociais.

Uso uma expressão que reflete minha visão: "Não bagunça meu pagode." Isso significa que organizo tudo: se na sexta-feira há um compromisso e no sábado, outro, no domingo eu descanso. Faço questão de que todos estejam alinhados, vibrando na mesma sintonia.

Apesar de ser uma líder, tenho um forte desejo de servir. Gosto de estar presente e ajudar, o que pode me levar a dizer *sim* mais do que deveria. Ainda estou aprendendo a encontrar a hora certa de dizer *não*, pois reconheço que meu papel como colaboradora é importante, tanto em casa quanto no trabalho.

O sucesso é relativo

Quando soube o título do livro, eu fiquei refletindo sobre meus sonhos de infância. Eu queria ser aeromoça e sempre sonhei em ser a protagonista de *Uma secretária do futuro*, meu filme favorito. Ele me inspirava, e eu sonhava em viajar pelo mundo.

No entanto, o sucesso é muito relativo. Eu ainda não me considero uma pessoa bem-sucedida. Há muitos objetivos que ainda preciso alcançar. Vejo a mim mesma como uma trabalhadora, uma *abelha operária*. Celebro pequenos sucessos, me dou presentes, viajo e comemoro com meu time e minha família. Afinal, não sabemos o que o futuro nos reserva, e a vida é preciosa. Eu invisto mesmo em celebrações, como nos aniversários da minha filha. Para mim, é importante comemorar.

Embora ainda não tenha alcançado o que considero sucesso, deixo como legado a resiliência. Nós, mulheres, temos um poder incrível de nos reinventar, mesmo diante das dificuldades impostas pela sociedade patriarcal. Aquelas que querem equilibrar maternidade e carreira precisam desenvolver essa habilidade de transformar suas rotinas.

Por exemplo, eu não esperava engravidar pela segunda vez. Minha carreira estava em alta, e foi desafiador. Porém, percebi que não era uma opção não ter o filho. Preparei minha mãe, meu marido na época e todos ao meu redor para essa nova fase.

A resiliência que cultivamos durante a gestação nos ajuda a enfrentar os desafios. O importante é olharmos para dentro de nós mesmas e nos perguntarmos: "É isso que eu quero?" Essa reflexão é essencial para seguirmos em frente e traçarmos nosso próprio caminho.

Preparando a passagem de bastão

Estou animada porque já comecei a preparar a Manu para o futuro. Ela estuda em uma escola bilíngue e, assim que surgir a oportunidade, deve concluir seus estudos fora do país. Em 2024, ela foi para Londres estudar em Cambridge. Essa experiência foi extremamente importante e, para mim, representa um grande sucesso. Eu queria muito que ela tivesse essa oportunidade, e quando a vi se preparando para a viagem, soube que era o momento dela. Manu voltou muito mais vocal e confiante. Ela mandava áudios e vídeos descrevendo suas experiências, falando bastante em inglês. O depoimento dela ao voltar foi incrível.

É curioso lembrar que comecei a aprender inglês aos 12 anos na Cultura Inglesa. Meu pai dizia que o inglês transformaria

minha vida, mas, na época, eu achava que isso era comum entre meus colegas. No entanto, na faculdade percebi que a maioria não falava fluentemente. Mais tarde, fui uma das poucas executivas do Beleza Natural envolvidas na internacionalização e que se mudou para o exterior. Muitos executivos não falavam a língua, só reforçando o que meu pai sempre dizia. Por isso, investi no ensino de inglês para a Manu. Hoje, ela até corrige a minha pronúncia em reuniões!

Manuela, 13 anos

Eu sei que a minha mãe trabalha na L'Oréal, na parte de mídia, com as *trends* sobre beleza e artes. Antes, ela trabalhava no Beleza Natural, mas não sei muito sobre o que ela fazia. Toda vez que penso no trabalho da minha mãe, meu primeiro sentimento é orgulho. Ela já passou por muita coisa. Por ser mulher negra e mãe, é um grande tabu.

Eu gosto de ver como ela está sempre forte, resiliente. Após uma semana cheia de trabalho, de reuniões, de cuidar da filha, da família, ela consegue aproveitar o final de semana dela, consegue seguir a vida normal. Mesmo estando tudo complicado, no final fica tudo bem. A gente gosta de ver séries e filmes juntas, só que muitas vezes nós cochilamos no meio. Também curtimos sair e fazer outras coisas juntas.

Minha mãe quase sempre esteve presente. Só algumas vezes quando eu era pequena que ela não pôde ir a algumas apresentações de balé. Mas acho que foi só uma vez ou outra. Quando ela viajava, eu ficava com a minha avó, e as mães das minhas amigas do balé gravavam tudo para mostrar para ela depois.

Minha mãe morou no Harlem, em 2018, e os primeiros seis meses foram bem difíceis. Nessa época, eu cheguei a pensar que queria que ela não trabalhasse tanto, mas depois nos acostumamos com a situação.

O jeito da minha mãe muda um pouco no trabalho. Ano passado, foi a primeira vez que eu fui à sede da L'Oréal ver ela trabalhando. Ela está constantemente em movimento, ativa, em reunião... Mas ela fala com mais calma, muda um pouco o tom de voz. Mesmo quando está discutindo algo no trabalho – não brigando, mas sendo firme com alguém – dá para ver que ela está meio brava, ainda que com classe. Quando ela me dá uma bronca, o tom é diferente, mais direto. Mas a atitude é a mesma, sempre lutando pelas causas dela.

Eu tenho muitas opções sobre o que quero fazer quando crescer: Jornalismo, Design Gráfico, Audiovisual, Gastronomia. Certamente ela me influencia de alguma forma. Acho muito interessante trabalhar com mídia. Ela é um exemplo para mim, mas tenho outras inspirações no Jornalismo, como a Mariana Gross, do RJ2, a Glória Maria, e tantas outras que eu não consigo nem lembrar. Eu também gosto muito de cozinhar. Eu levo mais como um hobby, mas quem sabe como uma profissão? São muitas opções...

Sinto que, apesar de trabalhar muito, de viajar sempre, a minha mãe faz tudo pela gente, pelo nosso bem. Ela já é reconhecida por ser a Márcia Silveira, não só por fazer parte da L'Oréal. Ela é convidada para falar sobre a luta dela, e toda vez menciona a família, os exemplos da vida dela. Enfim, ser filha da Márcia Silveira é muito legal. Ela participa de eventos, encontra famosos e ganha vários brindes legais.

É muito importante que ela esteja pavimentando os lugares, porque ela é uma das poucas chefes mulheres e negras em um cargo alto na L'Oréal. Eu não falo muito sobre esses temas, mas eu noto muitas situações. Por exemplo, a gente tem uma condição boa, a gente mora em uma casa legal, eu estudo em uma das melhores escolas. Eu percebo como ela está sempre medindo as pautas, como ela, enquanto uma mulher negra, chegou em lugares onde só pessoas brancas estavam, fazendo essa diferença. Eu sou uma das poucas pessoas negras na minha escola e em vários outros lugares, sabe? Inclusive, um mês atrás, eu fiz um intercâmbio pela minha escola. Das 37 pessoas que foram, somente três eram negras.

Eu só tenho a agradecer, porque eu sei que todo o esforço que ela faz, mesmo que ela já tenha faltado comigo, foi por um futuro melhor.

Maria Alicia

Ao longo dos últimos 25 anos, Maria Alicia Lima Peralta construiu sua carreira como executiva nos segmentos da indústria, bens de consumo, seguros, serviços de saúde, comércio varejista e infraestrutura, em empresas como Souza Cruz, Amil, Grupo Carrefour Brasil e Sabesp. Atuou como *General Counsel*, Vice-Presidente Jurídica, Diretora Jurídica e de Relações Institucionais e *Chief Engagement Officer*, liderando equipes de advogados; executivos de relações públicas, assuntos governamentais, segurança corporativa, comunicação, ESG[8], e de profissionais da área de Diversidade, Equidade e Inclusão (DEI).

Mãe do Tomás, 19 anos, e do João, 16 anos.

O sonho de ser independente

Desde muito cedo, eu sentia uma grande vontade de trabalhar. Um dos motivos era a busca pela independência financeira, mas também sentia uma atração pelo ambiente profissional. Talvez eu admirasse esse meio porque via meu pai, um diplomata, participando de reuniões e eventos que pareciam muito importantes. Mesmo que eu não entendesse exatamente o que ele fazia na época, a vida profissional dele parecia envolvente. Ele viajava bastante, por exercer uma atividade diplomática, e eu sonhava em viver em um ambiente parecido. Meu pai foi um modelo para mim e me incentivou a trabalhar desde jovem.

Quando chegou o momento de escolher uma profissão, optei pelo Direito. Tive sorte de gostar da área, já que muitas pessoas entram na faculdade sem muita clareza e depois acabam seguindo outros

8 Sigla em inglês que representa as práticas relativas a meio ambiente, impacto social e governança das empresas.

caminhos. Logo após entrar na faculdade, decidi estagiar e, por um tempo, achei que ficaria a vida toda nesse primeiro escritório.

Só que aos 25 anos eu ainda não ganhava o suficiente para sair de casa. Nessa época, meu pai começou a enfrentar dificuldades financeiras, pois tinha saído da diplomacia e atuava como consultor, sem um salário fixo. Eu queria muito ser capaz de me sustentar sozinha, de morar no meu próprio espaço. Dois anos depois, recebi o convite para trabalhar em uma multinacional, com sede na Inglaterra. Pensei: "Caramba, dá para ser advogada, trabalhar com várias culturas diferentes e fazer parte de uma empresa!", uma combinação que eu nem sabia que existia.

Durante cinco anos, me dediquei de corpo e alma à empresa. Eu já estava casada, mas sem filhos, e investia praticamente toda a minha energia no trabalho, me colocando sempre à disposição para mudanças de cargo, treinamentos, eventos corporativos, viagens, tudo que demonstrasse minha capacidade de trabalho e vontade de crescer. Nessa época, era muito comum que eu fosse a única mulher presente. Meus chefes se surpreendiam e diziam que eu *nem parecia uma mulher*! Infelizmente, na cabeça deles, esse era o maior elogio que uma executiva poderia receber...

Quando percebi que tinha a chance não apenas de ter um trabalho, mas de construir uma carreira, comecei a *sonhar grande*, com coisas que eu nem imaginava quando me formei: o sonho de ser transferida para Londres e o sonho de me tornar a primeira mulher a assumir um cargo na diretoria da empresa.

O sonho de ser mãe

Ao mesmo tempo em que eu vivia naquele ambiente competitivo, dinâmico e tinha um dia a dia totalmente *workaholic*, eu também queria ter filhos. Em 2001, nasceu a minha primeira sobrinha, a Gabriela. Foi a primeira vez que eu senti uma necessidade quase física de ter um bebê. Eu tinha uma paixão avassaladora pela minha afilhada e vinha de uma família grande, com três irmãos e uma mãe que era uma referência incrível do que é o amor e a dedicação materna. Então, ter filhos era algo certo na minha vida.

Em 2003, minha mãe quase partiu. Ela teve uma doença grave e ficou meses na fila do transplante, até o limite do que ela podia esperar. Acho que foi ali que eu pensei: caramba, quero muito que a minha mãe conheça os meus filhos, eles merecem ter uma avó. No final de 2004, quando ela já estava recuperada da cirurgia e retomando o dia a dia, eu engravidei do Tomás, meu primeiro filho.

Eu já estava com 32 anos e desde os vinte investindo pesado na construção da minha vida profissional. Foi uma gravidez um tanto quanto planejada, mas sempre ficava aquela dúvida: "Será que esse é o melhor momento? E se surgir uma oportunidade de trabalho e eu estiver grávida?" No final, aconteceu como eu queria, em um contexto apropriado de trabalho. Beto, meu marido, já pensava em ter filhos há mais tempo que eu. Então, nós dois ficamos muito contentes.

Na empresa, viver a gravidez foi uma festa. O pessoal fazia questão de celebrar por eu estar grávida, então eu me sentia o máximo. Apesar de estar com um bebê na barriga, eu era a mesma Maria, seguia trabalhando, viajando, resolvendo tudo normalmente. É engraçado, porque só percebi que ter um filho poderia ter um impacto no trabalho quando voltei ao escritório depois da licença-maternidade.

Tirei quatro meses de licença, e a verdade é que fiquei absolutamente arrasada quando tive de deixá-lo em casa. Sentia uma saudade desesperadora, e eu não esperava por isso. Foi muito difícil, mas trabalhar não era uma opção, era uma necessidade, já que eu assumi as finanças da minha casa e ajudava a sustentar meus pais. Além disso, eu ainda tinha muita vontade de seguir desenvolvendo a minha carreira, queria continuar crescendo, inclusive financeiramente, para poder dar ao Tomás as coisas que eu tive.

No escritório, lidei com os dois desafios típicos das mães que voltam ao trabalho: a tristeza de deixar meu filho e a luta para demonstrar que eu continuava a mesma profissional de antes. O olhar dos meus chefes em relação a mim tinha mudado muito. Eles simplesmente partiram do pressuposto de que eu não iria mais querer novos desafios nem fazer viagens. Um dia eu falei para o meu chefe: "Vocês estão me confundindo com outra pessoa. Eu continuo com a mesma vontade e disposição para crescer." Voltaram a me oferecer algumas oportunidades, embora de forma relutante: "Tudo bem, vamos te mudar de área. Mas, olha, vai ter que viajar, pegar avião, ir para São Paulo..." Eu respondi: "Entendi, sem problemas."

Eu não tinha nenhuma intenção de ficar para trás. Assim, toda vez que me perguntavam se eu tinha disponibilidade para ser transferida, eu respondia: "Sim, tenho." Até que, em 2006, quando o Tomás estava com um ano e meio, meu chefe me ofereceu a tão sonhada oportunidade em Londres.

O sonho de morar em Londres

Meu marido sabia que essa era uma ambição que eu tinha mesmo antes de surgir o convite. Ele sempre falava: "Beleza, quando acontecer, a gente vai." Só que não foi nada fácil, porque o Beto tinha uma escola de esportes e precisou deixá-la aos cuidados de outras pessoas. Havia também a dúvida: "Será por um ano? Dois? Mais tempo?" A empresa não dá uma garantia de quando acontecerá o retorno.

No início fomos com uma babá, mas ela não se adaptou e logo voltou ao Brasil. Beto ficou sozinho cuidando da casa e do Tomás por um tempo, e depois minha mãe foi ficar conosco. O maior desafio para ele não era ficar com o Tomás – isso era tranquilo –, o difícil era não trabalhar. Isso mexeu muito com ele. Também nessa época, o Beto começou a sentir dificuldades em caminhar. Ele tinha identificado uma questão neurológica alguns meses antes e que mais tarde foi confirmada como esclerose múltipla. Os sintomas eram superleves em um primeiro momento, mas como não tínhamos carro, ele precisava caminhar muito mais, o que deixava mais acentuada a dificuldade de andar.

Após três meses morando em Londres, engravidei do João, completamente fora do planejado. Minha vida virou de cabeça para baixo. Precisei contar ao meu chefe e fiquei preocupada, porque ser expatriada e engravidar parecia algo totalmente antiprofissional. Uma pessoa expatriada custa caro: pagam casa, despesas, é uma grande oportunidade. Não poderia tirar uma licença longa.

Cheguei a propor uma licença curta, de um mês, porque sabia que a empresa estava investindo em mim. A sorte foi que, nesse mesmo momento, surgiu uma oportunidade de promoção no Brasil. Meu chefe então sugeriu que, em vez de ficar em Londres, eu fosse transferida de volta para o Brasil e assumisse essa nova posição.

Voltei ao Brasil com oito meses de gravidez e fui promovida. Mas a promoção fez com que eu me sentisse obrigada a trabalhar cada vez mais para provar que merecia o novo cargo. Foi um período difícil. Eu estava grávida, com um filho pequeno, mudando de volta para o Brasil, vivendo em um apartamento temporário e tentando conciliar tudo.

Quando o João nasceu, as pessoas do trabalho iam à minha casa para reuniões, eu o levava comigo em viagens e tirei apenas três meses de licença. O Tomás ainda era muito pequeno, e ambos precisavam muito de mim, ao mesmo tempo em que eu estava tentando dar um grande salto na carreira. Tentei fazer tudo para manter o ritmo no trabalho e acabei tendo uma depressão pós-parto seis meses depois. Acho que foi o resultado de todo o tumulto na minha vida, tentando dar conta de tudo ao mesmo tempo. Precisei de remédios e me cuidar, porque realmente fiquei estafada.

Apesar de todo sofrimento e dificuldades dessa época, sei que o período na Inglaterra e a promoção que eu encarei no meu retorno foram fundamentais para o meu crescimento profissional. Depois que superei o período da depressão, a vida se encaixou, e em 2010 eu me tornei a primeira mulher a assumir um cargo na diretoria da empresa, em 103 anos de história.

Até hoje lembro do dia em que o presidente anunciou a minha promoção. Entrei no restaurante da empresa e várias mulheres se levantaram para aplaudir. Foi um momento muito emocionante, especialmente depois de tudo o que eu tinha passado nos últimos dois anos.

É claro que o desafio de conciliar maternidade e trabalho não ficou mais fácil. Como diretora, eu tinha uma responsabilidade imensa, e mais uma vez o que mais pesou foi a minha própria expectativa: eu precisava provar que era capaz de ser uma diretora competente. Mesmo com essa demanda gigante, acho que consegui, aos poucos, criar uma rotina, apesar de os meninos ainda serem pequenos. Eu viajava, mas quando chegava em casa tinha meu momento só com eles. Não queria ninguém perto, nem me distraindo. Minha mãe e a babá já sabiam e saíam assim que eu chegava, era só eu e meus filhos. Os finais de semana eram deles também. Sempre tive que apostar muito mais na qualidade do que na quantidade de tempo. Assim, até o Tomás fazer dez anos, a minha única diversão era estar com eles.

O sonho de ver meus filhos crescendo

Entre 2017 e 2018, vivi momentos em que eu tive medo de não ver os meus filhos crescerem. Descobri um câncer de mama três meses depois de a minha mãe falecer de... câncer. Foi um dos piores momentos da minha vida, sem sombra de dúvida. A quimioterapia e as cirurgias ainda coincidiram com a nossa mudança para São Paulo, por conta do meu trabalho na época.

Mais uma vez, tentei dar conta de tudo ao mesmo tempo. Continuei trabalhando muito, viajando para o exterior, fazendo quimioterapia, testando perucas, disfarçando o inchaço do rosto e o ganho de peso, e cuidando do meu pai idoso e agora viúvo. Tomás tinha doze anos e João, nove. Ainda por cima, talvez o meu câncer e a ida para São Paulo tenham impactado a saúde do Beto. Ele piorou dos sintomas da esclerose múltipla e passou a usar a cadeira de rodas em quase todos os lugares, inclusive em casa.

O que eu aprendi com esse período é que eu queria muito ver meus filhos crescerem. A verdade é que, ainda hoje, sinto muita culpa de não ter passado com eles o tempo que eu gostaria. Vejo as fotos e os vídeos e, às vezes, até sonho que estou abraçando os meninos quando eram bebês. Sinto muita saudade dessa época e me emociono lembrando como eram pequenos e fofinhos.

Ainda assim, acredito que soube construir uma relação especial com cada um, única mesmo. Hoje, mais do que nunca, busco me manter conectada com o mundo e os interesses deles, conhecendo profundamente as pessoas que eles estão se tornando e acompanhando o processo de construção dos sonhos de cada um.

Os sonhos deles

Durante muitos anos, Beto foi quem passou mais tempo com os meninos. Buscava na escola, levava ao médico, à terapia, à natação, ao futebol, ao vôlei. Sinto que a relação que os meninos têm com o Beto é diferente da que eles têm comigo, embora, sinceramente, não sinta que eles sejam mais apegados a um ou ao outro.

Como o pai foi atleta da seleção brasileira de vôlei, o canal entre os três é o esporte. Nesse lugar, o Tomás e João se identificam muito com o Beto. Cada um escolheu uma modalidade para se dedicar. Eles preferem conversar com o pai sobre esportes, pois sentem que ele vai entender melhor, que vai saber aconselhar.

Agora que os meninos estão maiores, minhas conversas com eles passaram a ser sobre namoradas, estudos e assuntos profissionais. Nesses temas, talvez se identifiquem mais com a minha trajetória e com o que eu faço. Fiz questão de que eles tivessem a mesma oportunidade que eu tive de estudar em uma escola bilíngue, que desenvolvessem uma visão de mundo desde cedo, com uma convivência internacional e contato com pessoas de diferentes culturas.

Quando falamos sobre o futuro deles, tento passar para os meus filhos esse entusiasmo pelo trabalho, porque realmente amo o que faço. Acredito que a relação com o trabalho pode ser saudável, embora, claro, nem sempre tenha sido assim. Passei dos limites em alguns momentos, mas sinto orgulho de ser uma pessoa que conseguiu se realizar: eu sonhava em ser diretora, em liderar uma equipe, em fazer as coisas do meu jeito, em conhecer outros países e culturas, e em ter um propósito que impactasse a vida das pessoas, e vivi tudo isso ao longo da minha carreira.

O sonho de muitas

Para as mulheres que enfrentam o dilema entre ser mãe ou seguir a carreira dos sonhos, eu diria que a escolha precisa ser genuinamente de cada uma. O ambiente de trabalho não pode ser o fator que define se uma mulher deve ou não ser mãe. Quem pensa *não vou ser mãe porque a empresa onde estou…*, está se baseando no motivo errado. Nesse caso, é melhor repensar a empresa, e não o sonho de ser mãe!

Conheço muitas mulheres que optaram por não ter filhos, e tudo bem. Mas, para quem realmente deseja ser mãe, não existe um momento perfeito – não adianta esperar por uma promoção ou um cenário ideal. Se a mulher sente que seu ambiente familiar está pronto, não deve se preocupar tanto com o que a empresa vai pensar. A verdade é que o ambiente corporativo sempre vai exigir muito e não vai *premiar* ou criar o momento ideal para alguém ser mãe.

Também não pode ser uma decisão impulsiva ou apenas do companheiro. É necessário um preparo mínimo, e o casal precisa estar alinhado. Durante muito tempo, nos acostumamos a ouvir *meu marido me ajudou muito*, mas não se trata de ajuda, e sim de divisão de responsabilidades. Cada um tem suas obrigações. No meu caso, essa divisão foi muito negociada, e continua sendo, porque não é algo que se define uma vez e pronto. Estamos sempre conversando e ajustando à medida que os filhos crescem e as necessidades mudam. Foi a forma que consegui conciliar a vida profissional com a minha dinâmica familiar: com marido e filhos.

A verdade é que me tornar mãe foi absolutamente transformador. É clichê, mas é verdade. Eu era muito impaciente, pouco empática. Tinha muita dificuldade em me colocar no lugar dos outros, julgava rápido as pessoas. A maternidade mudou essa visão, me tornou muito mais sensível, me fez uma pessoa e uma profissional muito melhor.

Tomás, 19 anos

Minha mãe fazia questão de compartilhar conosco as novidades e os projetos em que estava envolvida. Desde que tivemos idade suficiente para entender seu trabalho, ela sempre nos incluiu. Somos muito unidos, fazemos questão de estar nas refeições juntos, de ir à praia, aproveitamos ao máximo esses tempinhos que a gente tem.

Quando éramos pequenos, no entanto, eu não compreendia. Como toda criança, queríamos nossa mãe por perto. Eu pensava: "Não entendo por que minha mãe tem que sair o tempo todo. O que é mais importante do que ficar em casa com a gente?" Na época, eu sentia frustração e tristeza. Sei que ela também sofria. Com o passar dos anos, fomos entendendo e nos acostumando com essa realidade, embora esse sentimento ruim volte de vez em quando.

Por exemplo, eu passei o último ano do ensino médio nos Estados Unidos. Quando voltei, estávamos almoçando, e minha mãe me contou que havia assumido um novo cargo e que partiria para São Paulo já no dia seguinte. Ela vinha para casa apenas nos fins de semana, então ficávamos pouco tempo juntos. Logo em seguida, eu parti novamente para fazer faculdade fora. Eu tinha 17 anos e, mesmo compreendendo melhor, fiquei chateado. Eu estava com muita saudade. Então, desde criança, houve esses momentos em que você pensa: "Eu sei que é importante, mas precisa ficar todo esse tempo fora de casa?"

Tivemos diversas oportunidades de acompanhar minha mãe em seu ambiente de trabalho, o que sempre gerava um sentimento de orgulho. Lembro de uma época em que ela trabalhava mais no Rio de Janeiro, e eu ia ao escritório dela. Era impressionante vê-la liderando discussões e estratégias. Ela parecia uma super-heroína para mim. Quando ela abriu sua consultoria e começou a trabalhar de casa, vi de perto sua dedicação. Eu acordava às 5h30 para treinar futebol, e muitas vezes a encontrava ainda trabalhando, sem ter dormido. A minha admiração por tudo o que ela conquistou só cresceu.

Sei que a vida dela era física e mentalmente extenuante. Era muito cansativo ir para São Paulo toda semana, mas em tudo o que ela faz tem um propósito. Todo aquele esforço era porque ela amava o que fazia e ainda bem que teve a oportunidade de trabalhar com o que gosta. Já conversamos sobre como ela se sentia com essas ausências. Ela sempre se preocupou em estar disponível para nós, mas, ao mesmo tempo, sabia que, se não estivesse se dedicando ao trabalho, não seria completa. Desde cedo ficou claro o quanto trabalhar é importante para ela.

Minha mãe tem momentos de muito estresse, que acaba afetando a gente em casa. Mas ela é humana, e isso aconteceria com qualquer um. Ela é mais durona com quem ela trabalha. Em casa, se o pessoal visse, se surpreenderia. Só que, quando tem certeza de que algo não está certo, ela não recua.

Ela já nos contou sobre como é esse mundo corporativo, e quebrou muitas das expectativas que eu tinha. O nível de cobrança é muito alto, não é para todo mundo, é para quem quer: e minha mãe sempre quis muito. Nem sempre ela precisa dizer algo. Só de observar a maneira como ela trabalha aprendemos que, quando você quer alguma coisa, você tem que ser persistente e sacrificar alguns privilégios.

A vida inteira ela priorizou nos oferecer o que há de melhor, desde a educação até as experiências de vida, como viagens e exposição a diferentes culturas. Isso nos fez crescer como pessoa e nos preparou para os desafios do futuro. As escolhas que ela fez, mesmo que difíceis, moldaram quem somos e nos proporcionaram as oportunidades que temos hoje.

Acho que às vezes nem temos ideia do quanto recebemos dela. Em um país com tanta desigualdade como o Brasil, é um grande privilégio seguir qualquer caminho que desejarmos, seja no esporte, como jogador de vôlei, ou no estudo, ao ter a oportunidade de fazer faculdade no exterior. Tudo isso é um reflexo direto do que o trabalho dela nos ofereceu.

Hoje, olhando para trás, posso dizer com certeza que minha mãe foi a melhor mãe possível. Se pudesse dizer algo para ela, seria para que ela tenha a certeza de que eu não mudaria nada. As frustrações que sentimos em alguns momentos não se comparam ao orgulho e gratidão que temos por tudo o que ela fez por nós. Hoje, somos pessoas realizadas e felizes, e grande parte disso se deve às escolhas e sacrifícios que ela fez por nós.

João, 16 anos

Minha mãe falou um tempo atrás que estava com a ideia de fazer um livro sobre a relação entre as mães que trabalham e os filhos. A gente acha que é uma ideia muito interessante porque reflete o que foi grande parte da nossa vida com ela tendo que manter esse equilíbrio.

Às vezes, minha mãe não podia assistir aos meus jogos de futebol porque estava trabalhando, e isso me deixava frustrado, especialmente após uma vitória, quando você quer sair para comemorar com a família. Não entendia por que ela não podia estar ali compartilhando aquele momento de felicidade comigo. Hoje, sei o quanto ela se esforça para estar presente nos meus jogos.

Eu imaginava o ambiente de trabalho dela como algo muito sério, como no filme *Os Incríveis*, com espaços apertados e todo mundo focado. Mas, quando fui ao escritório dela, percebi que todos eram amigáveis e humanos, o que me deu uma nova visão do trabalho da minha mãe. Foi ali que percebi o quanto ela realmente gosta do que faz, não é só um emprego.

Vejo que o sentimento de realização que minha mãe deve ter no trabalho é como aquele que você sente depois de ir à academia mesmo sem vontade. O esforço é grande, mas saber que você fez o certo traz uma satisfação enorme. Mesmo quando ela precisa embarcar em um voo às 6h da manhã para passar a semana em São Paulo, acredito que ela sente essa recompensa de saber que está fazendo a coisa certa e que gosta do que faz. Ela sempre trabalha duro pelo que quer, se esforçando diariamente para alcançar seus objetivos. Esse exemplo de persistência eu levo para todas as áreas, da minha vida pessoal à carreira como atleta.

Minha mãe prefere nos proporcionar experiências, como viagens, em vez de dar presentes materiais. O trabalho dela nos deu muitas oportunidades, principalmente o acesso a uma educação privilegiada. Tudo isso nos abriu portas para o futuro e nos proporcionou o que precisávamos para crescer, desde uma boa educação até um par de tênis novos para meus treinos de vôlei.

Uma coisa que sempre valorizamos é passar tempo em família. Gostamos de sair para restaurantes, assistir a filmes juntos, e minha mãe sempre nos convida para ir à praia quando o dia está bonito. Esses momentos simples são muito especiais para nós.

Hoje, quando bate a saudade, entendemos melhor a dinâmica de sua vida profissional. No fundo, o que mais queremos é que ela tenha um pouco mais de tempo para si, como para fazer a aula de vôlei que ela tanto gosta, mas que às vezes não consegue por causa do trabalho.

Embora geralmente sejam os pais que têm orgulho dos filhos, nós sentimos um imenso orgulho de tudo o que minha mãe conquistou. Quando meus amigos perguntam sobre o trabalho dela, adoro contar, porque a respeito muito e admiro o caminho que ela trilhou.

— Maria Antonietta

Maria Antonietta Russo nasceu no sul da Itália, mas em 2019 se mudou para o Brasil, país pelo qual se apaixonou desde a sua primeira experiência de trabalho 15 anos antes. Cursou Psicologia Aplicada ao Trabalho na faculdade e na pós-graduação. Ela atua há mais de trinta anos na área de Recursos Humanos, sendo a maior parte no Grupo TIM, onde introduziu uma série de inovações voltadas para a diversidade.

Mãe da Emma, 14 anos.

A Itália e minhas origens

Trabalho na área de Recursos Humanos há cerca de trinta anos, sendo 26 deles no Grupo TIM, entre Itália e Brasil. Depois de todo esse tempo, apesar dos muitos desafios, eu faria o mesmo percurso, pois não foi algo que aconteceu por acaso, foi uma escolha.

Nasci em uma cidade do sul da Itália, em uma família humilde e sem referência com a carreira que escolhi. Minha mãe é, e sempre foi, dona de casa; e meu pai, agricultor. Então, cresci em um ambiente muito diferente do mundo corporativo.

Além disso, o contexto cultural nessa região do sul da Itália ainda era cheio de estereótipos, principalmente em relação às mulheres. A maior ambição que uma mulher poderia ter era escolher uma profissão que lhe permitisse trabalhar pela manhã e, à tarde, cuidar da família e da casa.

Quando concluí o ensino médio, decidi, com o apoio da minha família, me mudar para Roma e cursar Psicologia, movida pela minha paixão pela Filosofia e pelo desejo de aprofundar o conhecimento sobre o comportamento humano. À época, não havia, como hoje, oportunidade de orientação profissional, então a minha escolha foi mais baseada no interesse pela disciplina, já sabendo que meu foco não seria o âmbito clínico.

Na universidade em Roma, o curso de Psicologia tinha quatro frentes de estudo: experimental, clínica, pedagógica e aplicada ao mundo do trabalho, sendo esta última a que escolhi, inclusive na pós-graduação. Afinal, foi durante os anos de estudo que descobri uma vocação para traduzir o conhecimento teórico sobre o comportamento humano em ações para promover o desenvolvimento das pessoas dentro do mundo corporativo e melhorar o ambiente de trabalho de maneira geral.

Atravessando fronteiras

Quando decidi seguir no percurso universitário de Psicologia, a maioria das pessoas me desencorajou, pois a profissão do psicólogo, naquela época, não tinha espaço no mercado de trabalho. E como as coisas não acontecem por acaso, agora, olhando para trás, vejo que tive coragem e um pouco de sorte! A opção de me especializar no mundo do trabalho e das organizações coincidiu, no final dos anos 1990, com um *boom* no setor de telecomunicações. Assim, mesmo sendo mulher, do sul da Itália, com uma graduação considerada secundária, eu tive diversas oportunidades e possibilidade de escolha.

Depois de algumas experiências em empresas automobilísticas e de consultoria, escolhi o Grupo TIM, onde tive uma longa jornada em diversos setores de RH: desde o recrutamento, passando pela área de gestão, desenvolvimento, treinamento, entre outros, o que me permitiu adquirir um *know-how* e crescimento consistentes. Sempre tive o desejo de vivenciar uma experiência internacional que completasse o meu perfil, e essa oportunidade se concretizou quando eu tinha trinta anos. Um momento decisivo, ainda mais para uma mulher, em que uma escolha diferente daquela que eu fiz poderia ter me levado para outro caminho. Decidi atravessar novas fronteiras e vir para o Brasil.

Foi uma etapa importante na minha vida para amadurecer, ampliar meu leque de conhecimentos, me desafiar e vivenciar uma outra cultura e realidade. Assim como na minha mudança para Roma, minha família teve um papel importante quando vim para o Brasil, sendo que o apoio do Lorenzo, meu namorado na época, foi fundamental. Ele me falou: "É o seu sonho, uma oportunidade que você não pode perder. Eu te aguardo", e assim foi.

Após três anos, de volta à Itália, além de me casar, minha carreira ganhou um impulso diferenciado, pois consegui, de forma acelerada, assumir posições cada vez mais relevantes na empresa. Nessa fase tive também uma das conquistas mais importantes da minha vida: a minha filha, Emma. Novas fronteiras para atravessar!

Em 2019, recebi o convite de voltar a trabalhar no Brasil, país pelo qual me apaixonei e que nunca esqueci. Significava um salto profissional muito grande, assumindo a posição de vice-presidente de Recursos Humanos. Fiquei muito emocionada e lisonjeada pela proposta, considerando que 15 anos antes eu havia chegado na mesma empresa na posição de consultora de RH. Só que, desta vez, não podia ser apenas uma decisão minha, mas também do Lorenzo e da Emma, que na época não tinha nem oito anos completos.

Lembro que abordei o tema com Lorenzo e como sempre ele foi muito parceiro. Com a Emma foi diferente, eu falei: "Emma, a gente vai se mudar por razões relacionadas ao meu trabalho." Na ingenuidade de uma criança de apenas sete anos, ela não imaginava para quão longe seria essa mudança. Tive que pegar um mapa, mostrar para ela onde estava o Brasil, e com algumas fotos na internet eu disse: "É um país lindo, sempre tem sol, tem o mar..."

Porém, cerca de seis meses depois que chegamos ao Brasil, veio a pandemia. Não preciso dizer que foi um desafio imenso. Embora tenha sido um período muito difícil, não só para mim, mas para todo o mundo, acho que foi nessa época que trilhei o percurso mais árduo e ao mesmo tempo mais gratificante em toda minha vida, tanto pessoal quanto profissional. Como em toda crise, a pandemia foi uma oportunidade para reconhecer minhas fragilidades, mas também testar minhas fortalezas para cuidar de dez mil pessoas na empresa – e da minha família.

Mais uma vez tive a certeza da minha escolha e vocação. Foi uma época de grande aprendizado, evolução pessoal e familiar. Essa energia transformadora levou ao nascimento de projetos dentro da organização que não teriam sido gerados se a gente tivesse vivido um período *normal*. Decidimos fazer de um momento de grande dificuldade no mundo uma ocasião de transformação profunda. A mesma evolução aconteceu na dinâmica familiar, pois foi preciso encontrar um novo equilíbrio de vida e de adaptação sociocultural.

Maternidade e carreira: desafios e escolhas

Conciliar maternidade e carreira não é fácil, mas também não é impossível. Você não pode simplesmente apertar um botão e automaticamente virar mãe. Precisa ser uma escolha!

Se uma mulher decide fazer carreira e ser mãe, acho que é uma decisão que requer muita responsabilidade e maturidade, pois exige generosidade, força, altruísmo, sabedoria e lucidez. Penso que ter filhos para satisfazer um relógio biológico ou uma pressão social é uma atitude um pouco egoísta, que pode impactar em encontrar um verdadeiro equilíbrio.

Tanto a carreira quanto a maternidade foram minhas escolhas, e sempre esteve claro para mim que eu precisaria ser muito organizada. Por exemplo, em um aniversário recente da Emma, eu estava em viagem de trabalho a São Paulo e não pude estar com ela na escola para comemorar. Mas deixei uma festa preparada para que ela pudesse celebrar com os amigos, além de preparar uma surpresa para quando ela chegasse em casa e organizar um jantar, em um restaurante no próprio aeroporto, para garantir que eu comemorasse com ela.

Além da organização, é fundamental ter um parceiro ou parceira, de verdade, pois criar um filho é 50/50, assim como o direito de ter a própria independência econômica e profissional. Ao assumir o papel de que é responsável por tudo da casa e dos filhos, a mulher acaba reforçando estereótipos. Cada vez que uma mulher diz "meu marido me apoia muito", ela está, sem perceber, reproduzindo uma fala machista. Se ambos trabalham e decidem ter filhos, não é o marido que apoia a mulher. Ambos devem apoiar um ao outro.

O segredo é encontrar o equilíbrio e não sentir culpa. Então, se você me perguntar se eu sinto culpa, eu respondo: "Não, por que deveria? Quando tenho um compromisso, reunião ou viagem a trabalho, meu marido está em casa cuidando da Emma. E, quando ele precisa se ausentar, eu assumo."

Outra estratégia é aproximar a criança do seu ambiente de trabalho, porque assim ela entenderá onde você está, o que você faz e o quanto aquilo é importante para você. Emma conhece minha equipe e meus colegas e participa conosco de eventos, jantares e celebrações do trabalho. Acho que ela é a menina mais conhecida na minha empresa, tanto na Itália como no Brasil. Funciona. Emma também é muito autônoma, se organiza sozinha, prepara sua merenda, sabe todas as atividades que precisa fazer. Também optei por morar em um condomínio seguro, onde ela pode brincar e se movimentar sozinha. Tudo isso faz parte de uma escolha para que eu consiga ter uma vida física, psicológica e emocional mais tranquila.

Enfim, eu penso que a maternidade requer muito equilíbrio emocional, pragmatismo e indulgência consigo mesma, porque é impossível ser uma mãe perfeita! Afinal, o que significa ser uma mãe perfeita?

Equilíbrio familiar

Meu marido a vida toda apoiou minhas escolhas, foi meu parceiro em todas as horas. Não tínhamos família em Roma e sempre contamos um com o outro, nos dividindo nas tarefas de casa.

Engravidei aos 38 anos e não tive uma gestação fácil, já que, a partir do segundo mês, tive que ficar em casa. Ocupava uma posição importante na empresa, sendo responsável pelo desenvolvimento do Grupo TIM, na época composto por cerca de 50 mil pessoas, em um contexto no qual não se usavam Teams, Google Meet ou qualquer outra ferramenta digital. Me organizei com a minha equipe para que mesmo de casa pudesse trabalhar. Me senti fora do contexto do trabalho, sem saber o que estava acontecendo, o que para uma virginiana que gosta de estar a par de tudo foi muito desafiador. Tive que exercitar essa tolerância e aceitar que não podia controlar tudo. Ao mesmo tempo, estava vivenciando uma gestação complicada, com entradas e saídas recorrentes no hospital, em que o amor e o acompanhamento do meu marido foram fundamentais para que eu superasse aquele momento.

Outra figura importante para que eu pudesse cuidar de mim e da minha filha e me adaptar a essa nova realidade foi minha mãe, que se mudou para a nossa casa assim que Emma nasceu. Nesse período foi fundamental encontrar uma forma harmônica para que essa nova configuração familiar pudesse funcionar. Posso afirmar que sem a ajuda da minha mãe, mesmo ela sendo cadeirante, eu não teria tido a mesma serenidade e segurança psicológica para retornar ao trabalho.

Acabamos contratando uma pessoa para ajudar nas tarefas domésticas enquanto eu e meu marido nos dedicávamos à criação da Emma. Geralmente eu a levava à creche, a babá buscava, e o Lorenzo, ao retornar do trabalho, cuidava do jantar e do banho. Com a chegada de uma criança, se não existe um acordo entre o casal no que se refere às próprias autonomias e responsabilidades, é mais complicado alcançar um equilíbrio familiar. É importante respeitar os desejos um do outro, assim como saber ceder, renunciar a alguma individualidade em prol de um projeto familiar mais amplo. Por exemplo, no meu caso, o fato de meu marido não desejar crescer na carreira se encaixou perfeitamente no nosso contexto e projeto de vida.

A conquista do equilíbrio familiar ajuda a manter uma boa autoestima e, sobretudo, a desenvolver a harmonia do casal, que é percebida pela criança. Cada um assume um papel fundamental na dinâmica familiar, sem ninguém se sentir diminuído ou culpado e, dessa forma, Emma interpreta esse contexto como algo natural, sem estereótipo.

Transformação cultural e inclusão

Algo de que me orgulho é de ter sido chamada pelo então CEO da TIM Brasil para liderar uma transformação organizacional e cultural na empresa. Quando cheguei, em 2019, iniciamos um percurso para reforçar a evolução de uma cultura inovadora e inclusiva na empresa. Revisitamos processos, desenvolvemos novas políticas, definimos um modelo de governança robusto e nos desafiamos com metas públicas para garantir o avanço da diversidade na companhia. Para sustentar nosso percurso, implementamos diversas iniciativas e projetos com foco em gerar acesso a oportunidades, capacitação e desenvolvimento de carreira para mulheres, pessoas negras, pessoas com deficiência, pessoas LGBTQIAP+ e para as diferentes gerações, dentro e fora da TIM. Todo esse processo trouxe à TIM diversos reconhecimentos, internos e externos, e hoje temos o orgulho de ser considerada a operadora mais inclusiva do mundo[9].

Nossas ações com foco nas mulheres são diferenciadas frente ao que temos visto no mercado. Atuamos de maneira integrada para fortalecer o protagonismo, impulsionar a empregabilidade e o desenvolvimento da carreira das mulheres. O *Programa Respeito Gera Respeito*, por exemplo, traz um olhar 360° com foco no combate a qualquer tipo de violência de gênero, assédio moral, sexual e *bullying*, com ações dentro e fora da TIM. Já o *Caminho Delas* é uma iniciativa inovadora que transformou nossas Lojas TIM, próprias e parceiras, em locais seguros para mulheres em situação de violência ou vulnerabilidade se conectarem a canais de suporte e acolhimento.

Para as que decidem ser mães, temos o *Programa Gestantes*, que contempla uma série de iniciativas para apoiá-las desde a gravidez até o 12º mês de vida do bebê, pois entendemos que é importante

9 Segundo o ranking da FTSE Russell D&I Index 2024, antes conhecido como *Refinitiv Index*.

oferecer esse apoio no primeiro ano da maternidade, que traz uma série de desafios e muda o modo de interpretar, viver, pensar e sentir da mulher. Além da licença estendida por mais 60 dias (além dos 120 dias previstos por lei), toda mulher tem a opção de trabalhar 100% remotamente desde a gravidez até 90 dias após retorno da licença-maternidade, escolha essa que estenderemos também aos pais, para que possam permanecer em casa por mais tempo e dividir as tarefas com a mãe. Como apoio financeiro, oferecemos um cartão para a compra de itens de bebê até dois anos de idade, além de reembolso de despesas gerais até sete anos de idade da criança.

Pensando também nas outras fases da mulher, lançamos recentemente o programa *Versões Femininas*, que promove a conscientização e o cuidado com as mulheres durante o climatério e a menopausa. Além disso, também temos um amplo programa com foco em bem-estar e saúde emocional, o *Sintonize em Você*, com ações que estimulam o cuidado contínuo com a saúde física, financeira e emocional, com olhar atento para as mulheres.

Acreditamos que essas ações são essenciais hoje em dia, pois muitas mulheres acabam deixando o emprego e paralisando a própria carreira por não darem conta da rotina e se sentirem culpadas. Todas as iniciativas de suporte e apoio às nossas mulheres têm como objetivo fazê-las entender que não há por que se culparem, que com uma agenda organizada, suporte da empresa e uma rede de apoio também familiar é possível sim gerenciar e ter equilíbrio entre o trabalho, a carreira e a maternidade.

Aprendizados da maternidade para o mundo corporativo

Não me sentiria completa se não tivesse a Emma! Sei perfeitamente que muitas mulheres querem e não podem ter filhos, outras que não querem, e está tudo bem. A minha foi uma escolha e sempre falo: "Ainda bem que chegou, porque me sinto plena por ter tido essa oportunidade." Estou convencida de que, se você não alcança o equilíbrio emocional, espiritual, de conexão consigo mesma, não poderá ser uma mulher completa. O fato de você ser responsável por um ser humano te reconecta consigo mesma a cada dia, como uma promessa que você faz diariamente para si própria.

E quanto mais o tempo avança, mais você entende como é difícil ser mãe, como na frase que diz: "Filhos pequenos, problemas pequenos; filhos grandes, problemas grandes." Então, o que a maternidade te ensina? Te ensina a ter garra, respeito, tolerância, paciência e resiliência, que é justamente o que você precisa ter no trabalho.

Emma, 14 anos

Desde muito nova, eu soube que a minha mãe era uma pessoa muito carinhosa, mas que ela ia mostrar isso de uma forma um pouco diferente. Vou explicar: ela se preocupa muito em cuidar das pessoas e tenta escutar e considerar todas as opiniões dos outros, tanto dentro quanto fora do trabalho. Mas eu vejo que talvez ela seja rápida demais em responder e colocar a sua opinião. Quando não concorda, ela não tem dificuldade para dizer o que e por que ela não gosta daquilo. Ela pode ser um pouco dura algumas vezes, mas é isso que a faz *Maria Antonietta*, também conhecida carinhosamente como MA.

Quando eu era pequena, eu lembro que minha mãe me levava para a escola de manhã e voltava à noite. Toda vez ela trazia algo do trabalho para me dar de presente, e, na verdade, eu achava que ela demorava dez horas no trabalho só para pegar essa coisinha para mim.

Eu preciso dizer que meus pais sempre estiveram nas minhas festas e apresentações da escola, mas que, mesmo assim, para mim, a minha mãe viajava muito.

Nos primeiros anos que chegamos aqui no Brasil, ela viajava muito, até demais para o meu gosto, e eu sentia muito a falta dela. Muitas vezes eu não queria que minha mãe trabalhasse porque eu queria passar mais tempo com ela, e não só nos fins de semana. Mas agora já estou mais acostumada, já que ela não viaja mais tanto e, quando viaja, as viagens são bem curtinhas.

Preciso dizer, e eu sei que os meus pais vão concordar com isso, que eu desde cedo fui muito independente e que eu conseguia, e ainda

consigo, resolver as coisas do meu modo. Mesmo assim, os meus pais são muito importantes na minha vida e, sem eles, tudo seria um caos.

Vou contar uma historinha. Desde que eu era pequena, minha mãe costumava me perguntar: "Emma, você sabe a profissão que quer seguir quando crescer?", e eu falava "Não". Com o passar dos anos, quando ela repetia essa pergunta, eu fui respondendo: "Eu ainda não sei o que quero fazer quando eu crescer, mas sei que não quero fazer o mesmo que você." Embora eu não me visse, e ainda não me veja, tendo o tipo de trabalho da minha mãe, eu posso dizer que ela trabalha para construir um ambiente muito seguro e inclusivo, que é a paixão dela, perfeito para ela, mas não para mim.

Eu não penso em seguir o caminho da minha mãe porque eu tenho outras paixões. Eu quero ser astrônoma ou musicista, nada a ver com o trabalho dela. De fato, eu toco violão, guitarra e teclado. Sou também muito curiosa pelo espaço e pelas diferentes partes misteriosas dele, algo que tem muito a ver com meu pai.

Meu pai é engenheiro civil, mas também não quero ser engenheira e seguir o mesmo caminho. Só peguei essas paixões dele, que adora física, astronomia e astrofísica. Ele toca muitos instrumentos, e lembro dele me ensinando piano quando era mais nova. Com isso, eu agora estou aprendendo teclado sozinha. E olha que eu não fiz nenhuma aula. Tudo autodidata e com algumas dicas do meu pai! Quanto ao violão e à guitarra, eu faço algumas aulas na escola, mas ainda sou bem autodidata nisso também, sempre ainda com algumas dicas do meu pai. Eu peguei tudo isso dele, já que a minha mãe não toca nenhum instrumento.

Podem ver que eu sou bem diferente da minha mãe, e podemos dizer que a maior diferença é que eu não sei dizer *não* muito bem. Eu admiro muito essa parte dela, mesmo que algumas vezes eu ache que ela seja direta demais. Ela sabe falar muito bem *faz isso ou aquilo*... Se minha mãe não gosta de algo, ela fala: "Muda isso, bota aquilo, tira isso..." Eu não sei falar assim, nem um pouco. Por isso, acho que peguei mais as características do meu pai.

Eu falo tudo para minha mãe, se eu gosto ou não gosto do que ela faz ou diz. Eu digo para ela: "Mãe, acho que você podia fazer ou falar isso de outra forma." Uma coisa que admiro muito na minha mãe é que ela sempre tenta fazer o melhor, mas acho que às vezes isso a cansa muito. Ela quer que tudo esteja perfeito. Por isso, eu gostaria de dizer para ela relaxar, porque algumas coisas podem demorar para se resolver. Se demorar dois anos ou oitenta, vai se resolver um dia. Só precisa ter um pouco de paciência.

Espera, eu não estou falando de não tentar resolver. Por exemplo, se aconteceu algum imprevisto, o que uma pessoa pode fazer? Pedir desculpa, dizer que foi sem querer... Depois que ela fizer o seu dever e ajustar o que podia ser ajustado, é somente uma questão de a outra pessoa entender que foi um imprevisto. Eu também não estou falando que *pedir desculpa* sempre resolve tudo. Obviamente, precisa tentar não repetir e aprender com aquele erro. Enfim, eu só quero dizer para levar a vida de forma leve e que nada é mais importante do que as pessoas... como a minha mãe acha que é.

Por fim, eu acho a minha mãe e o meu pai maravilhosos e fantásticos, mesmo que algumas vezes a gente discuta, ambos fazem tudo o que eles fazem para o meu bem. Eles são mesmo os melhores pais do mundo.

Maria Claudia

Maria Claudia Bacci nasceu em São Paulo em 1969. É formada em Comunicação Social, com pós-graduação em Marketing. Aos 29 anos, assumiu o cargo de diretora-adjunta de um grande banco de varejo e, após cinco anos, migrou para a maior agência de comunicação do país, onde foi sócia-diretora por onze anos, até montar, com dois sócios, a Bowler, uma agência e consultoria voltada para atender grandes empresas. Foi nesse mercado que se realizou: lidar com Marketing e Comunicação é o que faz seus olhos brilharem.

Mãe do Guilherme, 21 anos, e da Catarina, 16 anos.

Sucesso é ser feliz

Sou uma pessoa realizada profissionalmente e tive uma trajetória bem-sucedida. A sociedade, em geral, relaciona sucesso a dinheiro, a uma posição elevada, ao que é visível. Para mim, ter sucesso significa que posso trabalhar exatamente com o que gosto, e até me divertindo. Atualmente, uma das áreas em que trabalho, por exemplo, é gestão de crises. Semana passada, fui confrontada com um caso de crise muito difícil e, apesar de ser um tema sensível, meu olho brilha. É por isso que me sinto orgulhosa da minha trajetória.

Boa parte desse orgulho se consolidou quando, aos 33 anos, pensei: "Nossa, não estou feliz com o meu trabalho, não gosto, isso é chato". Eu chegava em Guarulhos às sete horas da manhã e abria planilhas de Excel para precificar frango com osso ou sem osso. Uma coisa horrorosa, eu odiava aquilo. Saía para o trabalho às seis e meia e deixava um bebê pequeno em casa, me sentindo péssima. Nessa época, era diretora de uma empresa e gerenciava quase todos os setores, incluindo Comercial, Marketing e Comunicação. Ali, uma chave virou: vi que Marketing e Comunicação eram as áreas que realmente me interessavam. Até o dia em que aconteceu: fui contratada por uma grande agência de comunicação, a maior do país. Foi quando eu realmente consegui aliar trabalho, remuneração, reconhecimento e prazer.

Conciliando trabalho e maternidade

Quando meu primeiro filho, Guilherme, nasceu, eu ainda estava em Guarulhos. Conciliar trabalho e maternidade foi um processo difícil. Eu nunca fui daquelas mulheres que, em algum momento, cogitou não trabalhar, ou trabalhar meio período, ou trabalhar menos. Sempre tive a preocupação de dizer para os meus filhos que eu trabalho porque me dá prazer, e não apenas para pagar boletos. Então eu me virava como podia. Muitas vezes vivi o mal que as mães que têm carreiras, em geral, vivem: me sentia culpada. Saía do trabalho correndo e, no meio do trânsito, ligava para a babá e falava: "Deixa o Guilherme acordado até eu chegar." Ela respondia: "Ele está com sono..." E eu: "Faz qualquer coisa, mas eu quero muito vê-lo acordado quando eu chegar!" Também foi assim com a Catarina: quando eu chegava em casa, era 100% mãe. Colocava para dormir toda noite, queria estar junto, brincar com eles. Eu realmente desligava uma chave para fazer isso, para estar com eles. Não tinha mãe, sogra, irmã, ninguém da família por perto com quem contar. Éramos eu, meu ex-marido, uma babá e uma folguista nos finais de semana, pois, graças a Deus, pude ter esse luxo: ter alguém cuidando deles o tempo todo, 24 horas por dia.

A maternidade traz uma série de tarefas: lavar, arrumar, cozinhar... Com a ajuda dessas funcionárias, o tempo livre que eu tinha era para curtir meus filhos, para passear com eles nos finais de semana. Apesar do trabalho, eu era uma mãe presente, atenta. Guilherme, ainda criança, passou por um momento mais sensível. Eu nem cogitei fazer de outra forma: tirei uma licença do trabalho e fiquei três meses em casa e, se eu tivesse que ficar o resto da vida, ficaria.

A primeira infância e seus desafios

O período em que mais me senti culpada foi na primeira infância, porque é a fase em que eles crescem muito rápido. Tem aquela sensação de estar *perdendo* momentos da vida deles. Ficava muito mal pelo fato de o Guilherme passar o dia todo com a babá, por vê-lo pouco. Mas um dia a coordenadora da escola do Gui falou para mim: "Não se preocupe, porque ninguém rouba a referência de mãe. Esse lugar é seu, está tudo certo." Com a Catarina, eu já não me sentia mais assim: são as paranoias de mãe de primeira viagem.

Eu trabalhava dentro de uma estrutura grande, tendo que cumprir horários regrados. Quando podia, fazia uma surpresa: se eu estivesse em reunião perto de casa, corria para buscá-los na escola. Era aquela alegria! Em uma ocasião, liderava uma reunião muito importante com um cliente da agência. Não era sócia, era funcionária, e ia apresentar a campanha. A babá me ligou: "Guilherme caiu e machucou a boca, está sangrando." – hoje ele tem uma pequena cicatriz. Encarei as pessoas da reunião e disse: "Preciso ir." E fui. Essas questões eram inegociáveis para mim.

Aos poucos, fui perdendo a culpa da ausência. Olhando para trás, eu penso: "Está tudo certo, eles estão bem e se tornaram independentes." Tem o lado racional também, que os filhos percebem: se conseguirmos ser bem remuneradas no trabalho, isso traz benefícios. Falava com eles sobre isso com transparência. Se eu estivesse preocupada com algo no trabalho ou com as nossas finanças, dizia: "Olha, este ano não está tão bom, não estamos podendo gastar." Atualmente, quando estou em algum processo de concorrência, a Catarina pergunta: "Vai ganhar a conta? Quanto vai entrar?"

Com a pandemia, eles entenderam ainda melhor o que é trabalhar, porque as reuniões aconteciam em casa, remotamente. Antes, eu saía pela porta e falava "Preciso ir, tenho uma reunião." Eles não tinham ideia do que era uma reunião, mas começou a ficar mais claro para eles: tem pessoas, tem horário, tem troca, tem discussão. Quando recebi o convite para dar este depoimento, falei para eles: "Gente, olha que legal: fomos convidados para participar de um livro sobre mães que trabalham fora." Na minha mentalidade de cinquenta anos, essa expressão é corriqueira, mas Catarina logo perguntou: "O que é mãe que trabalha fora?" Eu expliquei, mas, como ela me via trabalhando em casa, a expressão não fez sentido algum para ela. Achei isso genial!

No final, tudo se encaixa

A troca com meus filhos me dá a certeza e a segurança de que me saí bem com a maternidade. Quando me tornei mãe, fiquei encantada; foi um papel que eu não esperava que fosse tão bom, nem que me sairia tão bem. Sou uma boa mãe, e o mais importante é que eles, Guilherme e Catarina, me veem assim. Na verdade, sem modéstia, sou uma mãe excepcional. Escuto isso do pai deles, escuto da minha mãe e de outras pessoas.

Claro, tenho minhas falhas. Uma vez o Guilherme veio conversar comigo e trouxe uma lista organizada, quase que um *feedback* de empresa, mas ele não estava no *modo corporativo*, estava no *modo filho*. Ele escreveu tudo o que eu fazia: relatou que o jeito que eu falava e como eu me comportava o incomodavam, que não faziam bem para ele, e explicou o porquê. Eu amei receber a lista, tenho guardada até hoje. Semana passada houve um momento em que ele pôde me dizer: "Você melhorou muito." Entendi que as queixas dele tinham muito a ver com o meu modo executiva e executora: botar pressão; cobrar demais; olhar o celular e falar com ele ao mesmo tempo; fazer várias tarefas simultaneamente; e ter um modo pragmático de resolver as situações.

Quando o Guilherme era muito pequenininho, ele ficou preso no banheiro do prédio. Eu agi no *modo corporativo*: "Ficou preso, saiu, pronto; está tudo bem, vamos seguir a vida." Não deixei meu filho sentir o drama dele, uma coisa horrorosa. Meu trabalho afeta a forma como eu lido com a maternidade: sou muito resolutiva, pragmática, objetiva, e acabo usando esse modelo mental para tudo o que faço. Só que filho não é funcionário, não é chefe, não é empregado. Essa foi a parte ruim que levei do trabalho para a maternidade. Por outro lado, eu não era tão boa na gestão de pessoas antes da maternidade, as relações interpessoais se tornaram mais humanas para mim.

Um legado para os filhos

Espero que meus filhos trabalhem com algo que gostem, que tenham motivação para trabalhar. Eu passei a gostar muito do que fazia só aos trinta e poucos anos. Se eles trabalharem com prazer, serão bem-sucedidos. Quando eu entrevisto pessoas, sempre pergunto: "O que você mais gosta de fazer?" Na verdade, o que estou querendo descobrir é o que a pessoa faz melhor, porque o que ela faz melhor, geralmente, é o que ela mais gosta de fazer.

Outra coisa que desejo para os meus filhos é que eles façam suas escolhas de forma consciente. Por isso, sempre busco apresentar para eles a realidade dos fatos. Por exemplo, quando o Gui decidiu o que queria fazer, ser físico ou matemático, disse que ele precisava saber que cada escolha leva a um lugar diferente. Catarina, que é completamente diferente do Gui, começou a conversa sobre carreira assim: "Como é que eu posso ficar rica? Eu quero ficar milionária! Onde eu vou ganhar dinheiro?" Eu disse: "Catarina, esquece isso. Claro que é bom ganhar dinheiro, mas, se você fizer o que gosta, vai fazer bem, e a chance de você ganhar o dinheiro é muito maior."

Outra coisa que eu falo muito, principalmente para o Gui, é que, se errar, tudo bem. Ele estava em dúvida se ia para a USP ou para a Unicamp, já que tinha passado para as duas. Eu falei: "Escolhe, mas, se mudar de ideia, está tudo bem. Ah, não é Física nem Matemática; vai fazer Relações Internacionais, por exemplo. Muda, todo mundo pode mudar no meio do caminho." Eu trabalhei bastante tempo com o que não gostava, e isso pesou muito para mim. Esse nível de estresse eu não desejo, de forma nenhuma, para eles.

Profissional por inteiro; mãe por inteiro

Acredito que, se a energia, a disposição, o compromisso e o amor que você colocar no trabalho e nos filhos estiverem equilibrados emocionalmente, tudo dará certo. Faça tudo de coração e com competência. Vai ser mãe? Seja mãe por inteiro. Vai ser profissional? Seja profissional por inteiro. Assim, você não vai ficar aquém no trabalho e será a melhor mãe que pode ser. Parece complexo, mas é simples. Crie uma relação de transparência: traga o trabalho para dentro de casa, fale sobre ele, converse sobre a culpa que está tendo, exponha uma situação difícil ou triste do seu dia. Faço isso aqui em casa até hoje. Digo para eles que às vezes eu erro, que faço bobagem, explico os problemas que enfrento. Quando um cliente me maltrata, conto para eles; eles opinam, ajudam. Dessa forma, quando entrarem no mercado de trabalho, já vão entrar sabendo que vão passar dificuldades, que vão viver desafios. É importante romper a barreira entre a mãe e o trabalho e proporcionar essa troca com os filhos.

Guilherme, 21 anos

Descobri com o que a minha mãe trabalhava quando tinha uns nove, dez anos. Um dia, perguntei: "O que você faz, afinal de contas?" Ela disse: "Comunicação." Lembro que, na época, ela trabalhava em uma área digital, mas não tenho memórias mais específicas. A primeira lembrança que me vem à cabeça com relação ao trabalho dela é um pouco mais recente, durante a pandemia: estava no meu quarto, estudando à distância, no segundo ano do ensino médio, quando ouvi minha mãe em uma reunião de trabalho. Também me recordo de ir à empresa onde ela trabalhava. Era a Copa do Mundo de futebol de 2014, conversei com alguns funcionários de lá...

Quando estava com uns 15 anos, lembro de olhar para o trabalho da minha mãe e pensar: "Nossa, que coisa mais chata!" Achava até uma coisa meio vazia. Hoje em dia mudei essa visão, acho interessante e vejo a importância do trabalho dela para as empresas, para a sociedade, mas o que me move mesmo profissionalmente é o conhecimento. Atualmente eu quero ser físico ou matemático; ainda não decidi. Quero ser um pesquisador nessa área, apesar de também flertar com a escrita, pois gosto muito de escrever.

Embora o trabalho da minha mãe não tenha me influenciado muito na escolha da minha profissão, o exemplo dela me influenciou de outras maneiras: aprendi a ter atitude, a ir atrás do que quero, a ser proativo. As referências são muito positivas, e comecei a admirar as pessoas que trabalham no que gostam e são bem-sucedidas no que fazem. Quando era pequeno, ficava intrigado quando algum amigo da escola falava que a mãe não trabalhava. Nem entendia aquilo direito.

Não tenho memórias de ter me sentido *abandonado* pela minha mãe por conta da carreira dela. Talvez ela não tenha podido ir a alguma apresentação minha... Mas às vezes, quando estamos conversando com ela sobre um assunto importante, por exemplo, e ela está vendo mensagens de trabalho e digitando, bate a sensação: "Me escuta, pelo amor de Deus!" Mas o trabalho da minha mãe trouxe, claramente, muitos benefícios para a gente, sobretudo no aspecto financeiro. O fato de ela trabalhar e ter sucesso na carreira permitiu que eu pudesse focar nos meus objetivos. Na carreira acadêmica, demora-se um bom tempo para ganhar dinheiro. Sem o apoio dela, seria muito mais difícil eu poder seguir esse caminho.

Mãe, muito obrigado por você ser essa mãe tão incrível, que inspira, que me ajuda. Nem sempre é do jeito mais legal, mas você sabe reconhecer quando não é. Minha maior felicidade é poder dizer que eu te amo; e não porque fui obrigado ou por qualquer outra razão, mas porque, de fato, eu te amo pelo que você é.

Catarina, 16 anos

Eu tenho uma lembrança muito específica do trabalho da minha mãe: um dia eu fui à agência onde ela trabalhava, e ela estava muito ocupada. Eu fiquei desenhando com uma moça que trabalhava lá. Ela falou: "Um dia eu vou te trazer um panda." Ela ia sair da agência para trabalhar em um lugar com pandas, acho. Eu fiquei um tempão querendo o panda[10]!

Desde que minha mãe começou com a Bowler, principalmente depois da pandemia, eu a vejo trabalhando todo dia e adoro o trabalho dela! Ela termina a reunião, e eu peço para ela me contar o que aconteceu, falar sobre os projetos. Ela me mostra as apresentações que faz quando tem concorrência, e eu me interesso demais. Falo que quero trabalhar na empresa dela, mas ela diz que não posso, que eles não contratam familiares, mas, com certeza, quero fazer algo parecido. Acho que não apenas pelo tipo de trabalho, mas também pela vontade que ela tem de trabalhar, como ela gosta e se dedica àquilo.

10 A funcionária foi trabalhar na ONG World Wildlife Fund for Nature (WWF).

Não tenho lembranças de ausências da minha mãe que tenham me deixado triste. Lembro que, pequenininha, com uns quatro anos, ela raramente buscava a gente na escola, a gente voltava com o transporte escolar. Mas, quando ela ia, não nos avisava, fazia surpresa. Eu via a minha mãe pela janelinha da sala de aula e pulava de alegria!

Eu nunca gostei quando ela está no celular enquanto falamos com ela. Certas vezes, eu peço para fazer alguma coisa quando está no celular e ela deixa. Depois não lembra que deixou e fica brava comigo!

Claro que o trabalho da minha mãe ajudou muito a nossa família, principalmente na questão financeira, mas as contribuições vão além. Quando alguém diz: "Ah, se você continuar assim, vai ficar igual à sua mãe", eu respondo: "Espero que sim!"

Minha mãe é meu exemplo e minha meta de vida. Não só pelo trabalho, mas pela mãe que ela é. Eu e o Gui já aprontamos muito, e ela sempre deixou claro que ama muito a gente, e que isso nunca vai mudar. Nosso amor por ela também não muda, só aumenta. Com certeza, é minha pessoa favorita no mundo inteiro, meu porto seguro. Tenho certeza de que, se eu precisar de qualquer coisa, vou ligar para a minha mãe. Não me imagino tendo outra mãe: se eu tivesse quinhentas chances de escolher uma mãe diferente ou mudar qualquer coisa nela, não mudaria nada.

Marília

Marília Rennó nasceu no Rio de Janeiro em 1970. Formada em Direito, foi advogada associada e sócia de renomadas bancas de advocacia. Atuou como assessora jurídica do Gabinete Civil da Governadoria do Estado do Rio de Janeiro. Em 2017, fundou com outros sócios o escritório de advocacia Rennó, Penteado, Sampaio Advogados, que vem ganhando presença no mercado jurídico e que se distingue por uma significativa representatividade feminina.

Mãe do André, 24 anos; madrasta do Ricardo, 41 anos, e do Pedro, 39 anos; e avó da Joana, do Tomás, da Sophie, da Mila, da Catarina e de mais um bebê a caminho.

Mulheres à frente de seu tempo

Sou a terceira geração de mulheres que trabalham na família, o que era raro em ambientes de classe média, onde as mulheres trabalhavam não por escolha, mas por necessidade. Minha avó paterna, por exemplo, mudou-se sozinha para São Paulo nos anos 1920 para fazer faculdade de Farmácia. Voltou para sua cidade no interior de Minas Gerais, abriu uma farmácia, em uma época em que remédios eram manipulados, e ainda criou dez filhos. A outra avó foi do conselho da empresa familiar e, depois, dedicou-se ativamente a projetos sociais.

Já minha mãe interrompeu a faculdade pouco antes de se casar, mas voltou a estudar quando eu tinha dez anos, muito incentivada pelo meu pai. Ela se formou em Direito e teve uma carreira de sucesso. Cresci em um lar em que a independência financeira era prioridade. Em nenhum momento meus pais limitaram meus sonhos por ser mulher, muito pelo contrário. A ideia de que eu deveria me sustentar sempre foi tão importante quanto o desejo de ser mãe.

Minha escolha pelo Direito não foi imediata. Até o primeiro ano do ensino médio tinha certeza de que seria engenheira. Estava me preparando para isso. O amor pela leitura, o momento político do final dos anos 1980 e início dos anos 1990 – com as Diretas Já e a Assembleia Constituinte – e o ambiente das aulas da faculdade da minha mãe, que eu frequentava até para estarmos juntas, contribuíram bastante. A trajetória de uma tia foi outra inspiração importante. Ela foi a primeira desembargadora de Minas Gerais, tendo uma carreira marcada por desafios e muito machismo. Além disso, o Direito parecia uma opção viável financeiramente. Dentro da profissão, identifiquei áreas como a carreira pública, que poderiam me proporcionar maior estabilidade e uma vida pessoal mais organizada, especialmente em relação à maternidade.

Empreendendo por necessidade

Tive uma breve experiência no setor público, ocupando um cargo comissionado no governo, mas logo percebi que preferia a iniciativa privada. Eu me encantava com o ambiente dos grandes escritórios de advocacia. Porém, naquela época, não havia qualquer flexibilidade de horário, e o nível de competição era alto, assim como o tempo de dedicação ao trabalho. Observando mulheres mais experientes na profissão, percebi que, à medida que a idade avança, as oportunidades para nós diminuem. Decidi abdicar da trajetória em grandes firmas, algo de que realmente gostava, para encaixar minha vontade de ser mãe. Foi uma decisão difícil e incontornável.

Aos 26 anos, tornei-me sócia de um pequeno escritório da minha família, que ajudei a desenvolver. Nunca me vi como uma empreendedora – não era o tipo de pessoa que fazia pulseiras ou camisetas para vender na escola –, mas segui o caminho que me parecia mais adequado. Anos depois, fui sócia-fundadora de duas outras firmas, a segunda delas meu atual escritório, concebido desde o início para ser menos convencional. Desde o primeiro escritório, eu já buscava alternativas para conciliar o trabalho e a maternidade. Com apoio dos meus sócios, criei um espaço para meu filho, André, quando ele nasceu. Empreender significa renunciar a alguns direitos trabalhistas, mas, por outro lado, consegui adaptar minha rotina para cuidar dele, já que não tive licença-maternidade.

Durante a gravidez, mudei de casa para morar mais perto do escritório. Na época, início dos anos 2000, o trabalho remoto ainda não era comum, não havia tanta tecnologia como hoje. Mesmo assim, montei o melhor *home office* possível, o que me permitia trabalhar em casa pela manhã, amamentar e levá-lo comigo à tarde para o escritório. Conversei até com o pediatra, preocupada com o ar-condicionado central no escritório que ficava no centro do Rio de Janeiro. Ele me tranquilizou, dizendo que estar perto de mim era mais importante e que ajudaria a manter a amamentação por mais tempo, o que de fato aconteceu. No escritório, ninguém achava estranho eu estar com um bebê. Pelo contrário, André foi muito bem recebido, o ambiente foi acolhedor, como se fosse uma creche dentro de uma empresa. Também contava com a ajuda essencial de uma babá, a quem serei sempre agradecida, fosse para cuidar dele em casa, quando eu não estava, ou no escritório.

Quando me divorciei, André tinha apenas dois anos. Foi um dos momentos mais difíceis da minha vida. Estava vivendo um luto pelo modelo de família que eu havia idealizado. Como não queria que minha tristeza o afetasse, planejava passeios, viagens e idas à praia para manter a normalidade. Mesmo assim, nunca me senti desamparada. Tinha minha casa, pais maravilhosos ao meu lado, o trabalho e era financeiramente independente. Meu ex-marido foi um pai muito presente e, nos momentos em que ficava sozinho com nosso filho, totalmente dedicado.

Escolhas conscientes

Tenho muitas amigas e considero as redes de apoio femininas essenciais para qualquer mulher. Em diversas ocasiões, falamos sobre culpa, e ouvi críticas a mulheres que escolhem trabalhar e deixar seus filhos aos cuidados de outras pessoas. Na minha geração, ainda era comum mulheres de classe média pararem de trabalhar quando tinham filhos, o que sempre respeitei e apoiei. No meu caso, sabia desde cedo que trabalhar e assumir responsabilidades faziam parte da minha essência, proporcionavam-me grande prazer e, com isso, sempre refleti mais sobre escolhas, sem muito espaço para sentimento de culpa. Depois do divórcio, o trabalho se tornou, acima de tudo, uma necessidade. Mas encaro a maternidade com o mesmo nível de comprometimento. Entendo ser uma decisão que demanda muita reflexão e amadurecimento, além de uma rede de apoio que propicie o crescimento saudável da criança, física e emocionalmente.

Desde pequeno, André podia ficar na escola até as 18h ou 19h, participando de atividades extras. Assim, ao chegar em casa, ele já havia feito o dever de casa e tomado banho. Busquei organizar minha rotina de forma que pudesse jantar com meu filho e colocá-lo para dormir praticamente todas as noites. Era um momento agradável, quando compartilhava minhas reflexões e ele contava o que pensava. Acredito que esses diálogos são o maior legado da educação; foi o que aprendi com meus pais.

Assim como apoio a decisão de qualquer mulher que se dedique exclusivamente à maternidade, sabendo das difíceis renúncias que isso implica, hoje em dia fico feliz em ver que a sociedade evoluiu muito para acolher profissionais que são mães, pais ou tutores, com ou sem companheiras ou companheiros. Também acho válida a decisão de qualquer mulher de não ter filhos, o que, até poucos anos atrás, representava um estigma absurdo.

Memórias que não estão em álbuns de fotos

A maternidade também trouxe uma perspectiva mais equilibrada e saudável da vida. Você passa a entender que não é uma supermulher e que nem tudo vai funcionar perfeitamente o tempo todo. Dizia para o meu filho: "Olha, às vezes a comida vai estar ótima, às vezes nem tanto." Brinco que André não tem um álbum de fotos feito por mim. Minha mãe montou o primeiro, de recém-nascido, e uma de suas madrastas organizou um outro. No tempo que tinha, preferi conversar, compartilhar com ele minhas paixões, sonhos e visão de mundo. Dividimos o amor pela música, pela leitura e pelo cinema. Brincamos que contamos a passagem dos anos pelos shows que assistimos juntos. Tento passar para ele a importância do pensamento crítico, das referências culturais e das relações sociais, ensinamentos do meu pai e da minha mãe. O tempo que temos juntos é muito precioso, e a qualidade é o mais importante.

Valorizando o trabalho da rede de apoio

Tive uma rede de apoio maravilhosa, apesar de não poder contar com minha família em tempo integral, porque minha mãe e meu pai, que sempre foram avós excepcionais, muito disponíveis e apaixonados, também trabalhavam. Mesmo minha ex-sogra, muito querida e que me ajudou bastante, vivia seus próprios desafios: era divorciada e ainda tinha um filho adolescente para cuidar. Como moro em uma casa, sem a segurança de um prédio com porteiro, era ainda mais complicado deixar meu filho sem supervisão, principalmente quando ele era mais novo. Em determinada época, cheguei a criar dois turnos de ajuda, um pela manhã e outro à tarde. Tinha, assim, tranquilidade para ficar até mais tarde no escritório ou viajar, sempre que necessário. Sou muito grata às mulheres que me ajudaram a criar meu filho. Esse apoio foi decisivo na minha jornada. Valorizo muito esse trabalho e o tratei de forma extremamente profissional. Fiz questão de pagar o melhor que podia e de reconhecer o esforço dessas mulheres, prestigiando ao máximo quem esteve ao meu lado nesse processo.

Quando comecei a namorar meu atual marido, demorei um pouco para apresentá-lo a meu filho, que, na época, estava com quatro anos. Quando isso aconteceu, eu disse que era um amigo. Mas ele logo percebeu e, um dia, do nada, perguntou: “Você não quer namorar a minha mãe?” Ainda assim, ficamos alguns anos morando em casas separadas. Meu marido e eu sabíamos que, apesar da ótima convivência que ele e meu filho sempre tiveram, a presença dele em casa criaria uma dinâmica entre os dois que também demandava algum amadurecimento. Assim foi feito... A forte amizade dos dois – hoje também estendida aos amigos do meu filho – me enche de felicidade.

Meu marido foi um apoio essencial na criação do André, principalmente na adolescência, com carinho e generosidade enormes, mas tendo a sabedoria de assumir a posição de padrasto, e não de pai. Eu sou madrasta de dois meninos, que conheci no final da adolescência. Construí com eles uma relação de amizade, amor e cumplicidade ao longo dos anos. Com a chegada dos netos, filhos dos meus enteados, tenho o privilégio de conviver de novo com crianças e o enorme prazer de acompanhar seu desenvolvimento.

Fazendo um balanço da maternidade

Eu me arrependo de várias escolhas que fiz na maternidade. Reconheço que fui excessivamente restritiva com a alimentação e exigente com os estudos. Coloquei-o em terapia muito cedo, especialmente após a separação e outras perdas que enfrentamos quando ele ainda era muito pequeno. Com a ajuda de uma psicóloga maravilhosa, consegui ter um diálogo mais aberto sobre suas necessidades e sobre minha maneira de agir.

Como mãe solo, mesmo com uma enorme rede de apoio, eu muitas vezes me senti sozinha. Não existe um manual para a maternidade, você vai descobrindo conforme vive. Uma das coisas que me surpreenderam foi como a necessidade de atenção de um filho é cíclica. Em alguns momentos, eu sentia que ele não precisava tanto de mim, parecia que quem mais precisava dele era eu. Eu chegava em casa e ele estava super entretido, feliz, como se não sentisse minha falta. Em outras épocas, ele me ligava várias vezes ao dia, mesmo um pouco mais velho.

A adolescência foi um período delicado, e deixar um adolescente sozinho em casa não era uma opção viável. Ao longo do crescimento do meu filho, deixei de ir a muitos *happy hours* e eventos sociais. Muitas vezes, tomava um chope apenas para estar com amigos ou colegas de trabalho, mas logo ia para casa, e não me incomodava. Hoje, André até vai comigo a esses encontros. Ele se tornou amigo dos meus amigos e das pessoas com quem trabalho, muitas delas da geração dele. Quando digo que vou sair para um chope, ele às vezes responde: "Quero ir também."

A maternidade transformou tudo em mim

Quando você tem um filho, as prioridades são outras, e comecei a buscar espaços onde essa visão fosse respeitada. Aprendi a levantar no meio de uma reunião e dizer: "Eu tenho um compromisso muito importante com o meu filho e preciso ir". É lógico que isso não pode acontecer a toda hora, mas, quando é necessário, é importante que essas decisões sejam tomadas de modo assertivo e sem culpa. Nunca perdi um cliente por esse motivo. Talvez tenha até conquistado algumas mulheres profissionais que cruzaram minha carreira e que, por sua vez, também me ensinam e inspiram.

Outra mudança profunda foi a forma como eu lidava com as pessoas no trabalho. Antes, eu não tinha um instinto de cuidado, não era uma pessoa naturalmente atenta a emoções e fragilidades dos outros. Ser mãe ampliou minha sensibilidade e mudou radicalmente a maneira como eu liderava, me tornando mais atenta às necessidades de quem está a minha volta.

A maternidade também me ensinou a lidar com a geração mais jovem. Algumas vezes, meu filho me orienta sobre questões do meu trabalho. Fidelizar e motivar jovens profissionais é um dos maiores desafios da atualidade, e eu conto com ótimos conselhos dele sobre isso. Ele diz: "Mãe, não é assim que você vai conquistar minha geração, eles esperam algo diferente." Enquanto minha geração se orgulhava de trabalhar longas horas, virar noites e ser a primeira a chegar e a última a sair, a nova geração busca alcançar seus objetivos de forma diferente. Eles são extremamente rápidos, muito mais ágeis tecnologicamente, mas também têm em vista um maior equilíbrio entre vida pessoal e profissional, o que eu levei muitos anos para aprender.

Cumplicidade no Direito e na vida

André e eu temos hoje a mesma profissão. Conheci o pai dele na faculdade e, juntos, tivemos uma trajetória profissional muito próxima – fomos sócios por muitos anos, mesmo após o divórcio. Ele sempre incentivou nosso filho a ser advogado. Eu, por outro lado, sugeria que ele explorasse outras possibilidades, até que, em um dado momento, ele decidiu que queria fazer Direito.

Depois que o André começou a estagiar, passamos a trocar muito: "Você acha que esse e-mail para o chefe está legal?"; "Mãe, eu queria ficar em *home office* no dia tal, devo ou não pedir?" Quando ele precisou fazer escolhas e mudanças, eu estava perto, ofereci suporte e ouvi o que ele tinha a dizer, mas tentei ser cuidadosa para respeitar suas escolhas.

Ao longo da criação, acho que usei instintivamente o Direito para transmitir uma visão de moral, justiça, direitos e deveres. Brincava com ele, dizendo: "Olha, você não pode morrer, não pode ser preso e não pode engravidar ninguém. O resto a gente resolve com um castigo." Essa brincadeira tinha um fundo sério, era uma forma de introduzir responsabilidade. Eu também me preocupava em passar uma visão de mundo: falava de problemas ambientais; da violência e da desigualdade social; de democracia e da dificuldade em preservá-la diante dos desafios globais que serão enfrentados pela geração dele.

Era comum que eu falasse sobre o meu trabalho, contando algumas histórias que fossem divertidas. Também fiz questão de mostrar minhas fraquezas, desde as derrotas profissionais, que são inevitáveis, até questões pessoais mais delicadas. Um dos momentos mais difíceis da minha vida foi há dois anos, logo depois da pandemia, quando descobri que estava com câncer. Felizmente, o diagnóstico foi precoce, mas, ainda assim, foi um choque enorme. André tinha 22 anos e foi um grande apoio. Tenho certeza de que ele hoje me enxerga como pessoa, não só como mãe. Nos últimos tempos, passou a entender melhor e a me apoiar em relação ao cuidado com os meus pais, que estão mais velhos e, em alguns momentos, mais frágeis.

Dar passos para trás para seguir adiante

Sabia que precisaria fazer algumas escolhas para conciliar a maternidade com o trabalho. Acredito que quem está vivendo esse dilema não deve ter medo de dar alguns passos para trás. Se tiver de parar de trabalhar, não precisa ser algo permanente, e recuar um pouco permite que você realinhe sua carreira para que a maternidade se encaixe melhor. Voltei atrás em questões financeiras, renunciei a oportunidades mais lucrativas e entrei em projetos incertos, com o pensamento de que, a longo prazo, seria mais benéfico para mim e minha família. Se olharmos apenas para o curto prazo, pode ser frustrante; a ideia é pensar no que realmente vai funcionar a médio e longo prazos. Não adianta permanecer em um ambiente que não seja acolhedor para mães, pais ou cuidadores, pois isso afeta a qualidade de vida.

Observo, especialmente na minha geração e na seguinte, que muitas mães que são profissionais de sucesso são justamente aquelas que não tiveram escolha. As sócias dos escritórios em que trabalhei eram, em sua maioria, arrimos de família, divorciadas ou solteiras, ou seja, várias eram mães solo. A necessidade foi o principal motor para essas mulheres chegarem aonde estão, o que não as impediu de se realizarem profissionalmente. Eu, de certo modo, também me encaixo nesse perfil, apesar de o projeto de independência financeira ter vindo desde a infância. Meu objetivo nunca foi ser a advogada mais famosa ou premiada. O que consegui até agora foi resultado de um processo natural, sem obsessão por reconhecimento.

Também percebo que deixei alguns sonhos pelo caminho. Mesmo após os cinquenta anos, ainda desejo ter uma carreira acadêmica. Considero um projeto de aposentadoria que adiei, não por causa da maternidade, mas pela pressão profissional, que não abria muito espaço para outras conquistas. A vida é feita de escolhas e cada uma delas molda nosso caminho.

Quando montei meu último escritório, foi um recomeço. Tive que lidar mais uma vez com a incerteza e a falta de remuneração inicial. Porém, sabia que era o caminho para me adaptar à nova realidade. Se o ambiente de trabalho não acolhe sua situação, por mais que seja o emprego dos sonhos, talvez não seja o lugar certo para esse momento da sua vida. Quando você tem o desejo de ter filhos e encontra um lugar que respeita e valoriza a maternidade e a paternidade, a vida profissional se torna muito mais agradável.

Cuidando de quem cuida

Hoje em dia, é fundamental que os ambientes de trabalho acolham tanto mães quanto pais. A diversidade familiar é uma realidade, seja com dois pais, duas mães, avós ou outros cuidadores. Por isso, temos uma pesquisa de diversidade anual no escritório, incluindo todos esses perfis de provedores.

Se você tem a chance de empreender ou influenciar políticas dentro de uma organização, faça com que essas mudanças aconteçam. A paternidade precisa ser valorizada tanto quanto a maternidade, pois é assim que as mulheres terão mais espaço. Conseguimos implantar a licença-paternidade em um meio em que esse benefício ainda é exceção. Essa política é uma realidade há muitos anos no exterior e, embora várias empresas brasileiras a estejam adotando hoje, é importante disseminá-la cada vez mais. Tenho orgulho em ver advogados saindo mais cedo para participar de eventos escolares dos filhos. Tenho sócios que são os principais cuidadores de seus filhos, por razões diversas, e é maravilhoso! Trazer a vida pessoal para dentro do ambiente profissional, com respeito e compreensão, é fundamental para criar um espaço saudável e produtivo.

Acredito que transformamos o mundo começando pelo nosso microcosmo. Não mudamos a realidade de uma vez, e criar filhos com valores sólidos é uma das maiores formas de deixar um legado. Hoje, meu filho entende o valor da independência financeira, o prazer de ser dono do próprio destino e o quanto essa liberdade foi essencial para mim. Ele também sabe que um filho é um projeto conjunto a ser compartilhado, e não uma obrigação só da mãe. Um dia estávamos conversando e ele falou: "Mãe, eu já sei o meu tipo de mulher." Eu perguntei: "Qual?". Ele respondeu: "É a que trabalha!"

André, 24 anos

Temos uma troca muito intensa, já que ambos somos advogados. Embora eu seja criminalista e minha mãe trabalhe com Direito Imobiliário e Administrativo, a interseção entre nossas áreas é inevitável, pois a base profissional é a mesma.

Desde pequeno, ela me educou com uma visão jurídica, talvez sem intenção, porque o advogado está constantemente envolvido em discussões sobre direitos. Ela me levava ao escritório e falava sobre os casos de maneira simples. Até quando me repreendia, seus argumentos eram fundados no Direito. Na adolescência, por exemplo, ela me explicava algumas leis, o funcionamento da polícia e por que fazer identidade falsa era crime, não só uma questão de moralidade. Essa transparência e o fato de minha mãe ser tão realizada na profissão me influenciaram positivamente. Ela também gostava de falar sobre contratualismo, explicando conceitos como a renúncia de certas liberdades em prol do bem comum, simplificando as ideias de Thomas Hobbes e Jean-Jacques Rousseau de uma forma que até eu, pequeno, conseguia entender.

Quando eu via minha mãe no trabalho, interagindo com os colegas de maneira formal e séria, parecia uma pessoa bem diferente da mãe que eu conhecia em casa. Ela me tratava do mesmo jeito, mas era

curioso porque a impressão que eu tinha era a de que estava em um mundo totalmente à parte, algo que eu não entendia completamente.

Naquela época, meu pai trabalhava com ela. Mesmo depois de divorciados, eles continuaram sócios, então eu era meio que o *filho do escritório*. Todo mundo fazia brincadeiras comigo e eu adorava. Tinha secretária que me dava balinha e o ambiente todo era bem acolhedor. Minha mãe costumava me levar para almoçar e mostrar os escritórios, explicava como tudo funcionava. Sem perceber, ela já estava me doutrinando para seguir o caminho do Direito.

Ela sempre trabalhou muito, porém, nunca foi um problema para mim. Ela fazia questão de estar presente nos momentos que importavam – nas apresentações da escola, nos projetos de artes, até nas compras de última hora para eventos do colégio. Mesmo trabalhando fora o dia todo, nunca senti sua ausência. Para mim, era normal. Ela também ocupava meu dia com escola integral, aulas de inglês e outras atividades. Então, os dois terminavam o dia cansados.

Lembro de uma vez que eu tinha uma apresentação de inglês na escola e no último minuto surgiu uma emergência no trabalho. Ela mandou minha avó no lugar. Eu nem liguei muito para a apresentação, mas para ela era muito importante. É interessante como essas ocasiões tinham mais peso para ela do que para mim. Mesmo que tenha me incomodado em algum momento, a terapia já resolveu, porque nunca ficou uma marca negativa.

Por volta dos seis anos, saí de uma escola bastante construtivista e lúdica para outra com abordagem bem diferente, onde passei a estudar até o ensino médio. Nessa mesma época, eu perdi minha madrinha, que também era a melhor amiga da minha mãe. Tinha uns sete anos e, embora eu não lembre muito bem dos detalhes, o que mais me marcou foi o primeiro contato com o conceito de morte. Fiquei bastante chocado com a ideia de que as pessoas morrem e vão embora. Eu me lembro de fazer desenhos mórbidos, o que chamou a atenção da escola. Eles avisaram minha mãe para ficar atenta, porque eu estava claramente lidando com algo que não compreendia muito bem. Eu estava mudando de colégio, o que já era um desafio, e essa perda só intensificou o que eu estava sentindo. Foi um momento difícil, em que precisei encarar algo muito profundo e complexo para uma criança. Minha mãe ficou preocupada, mas, olhando para trás, vejo que foi mais uma fase de amadurecimento do que um trauma.

Hoje, fico com certa curiosidade em saber mais sobre minha infância, pois não tenho muitas fotos ou vídeos de quando eu era pequeno. Às vezes, quando alguém encontra uma foto antiga minha, é como se fosse uma raridade, tipo uma foto perdida dos Beatles! É um tanto quanto inusitado, considerando como tudo é tão documentado hoje em dia. Vejo crianças já nascendo com uma quantidade enorme de conteúdo no Instagram. Na minha época, porém, as fotos eram reveladas e guardadas em álbuns. Minha avó até tinha esse hábito, já minha mãe, no entanto, nunca foi do tipo de montar álbuns ou fazer filmagens.

Ela é muito focada em projetos, e o trabalho é o grande projeto da vida dela, mas a família sempre foi a prioridade número um. Ela não é uma pessoa de muitos *hobbies* e, sem dúvida, o trabalho é o que mais a move. Eu brinco que o escritório é como um filho para ela. No escritório atual, ela se preocupa com todos os detalhes: gestão, marca, não só com a advocacia em si, mas com a construção do escritório como uma instituição. Ela tem essa preocupação com o legado, porém, não vejo como algo egocêntrico. Não é sobre o nome dela, é sobre criar algo significativo no mundo. Essa dedicação que ela tem ao trabalho vai muito além das tarefas do dia a dia, é uma visão de futuro.

Minha mãe fica muito contente quando vence um caso ou tem alguma forma de reconhecimento profissional. Muito embora ela nem sempre transpareça sua felicidade com essas conquistas, eu fico muito orgulhoso e feliz em compartilhar as vitórias ao lado dela.

Além disso, ela teve um sucesso profissional considerável, o que, claro, ajudou financeiramente a família e me abriu portas na profissão, sobretudo pelos contatos. Porém, o que torna nossa relação especial é que compartilhamos a mesma dedicação, entendemos o valor do trabalho da mesma forma, o que facilita muito a convivência.

Recentemente, surgiram situações bem difíceis. Ela enfrentou o câncer e agora meu avô está doente, o que a abalou bastante. Minha mãe assume todas as responsabilidades, raramente delega e tem dificuldade em se permitir ser sensível. Mesmo assim, temos uma relação de confiança. Ela desabafa comigo quando estamos sozinhos, falando sobre os problemas. A dinâmica entre nós é aberta, e eu a admiro profundamente por isso.

Nós compartilhamos desde a profissão até a visão de mundo e os gostos pessoais: adoramos comprar discos, ir a shows e planejar quais veremos ao longo do ano. Viajar era algo que amávamos fazer juntos, mas com minha rotina de trabalho intensa e ela cuidando dos meus avós, não temos conseguido. Ainda assim, continuamos ligados por essas experiências culturais, especialmente pelos shows e festivais que já vivemos juntos, que são, sem dúvida, nossos momentos mais memoráveis.

Eu sou um grande fã da minha mãe. Nossa relação é única, comparada à dos meus amigos. Ela nunca deixou de ser mãe, mesmo sendo também uma grande amiga. Não tenho mágoas, rancores ou críticas. Só tenho elogios e admiração por ela. Ela é, de longe, a pessoa que mais amo no mundo.

Monica

Nascida no Equador, Monica Delgado de Loaiza é casada, mãe de três filhos e avó de dois netos. Iniciou sua carreira no Hospital Vozandes Quito e, ao se mudar para o Brasil, passou a trabalhar em realocação de executivos expatriados. Posteriormente, tornou-se Cônsul-Geral do Equador, defendendo os direitos e interesses de seus compatriotas, promovendo a difusão turística, cultural e econômica do Equador no Rio de Janeiro e no Espírito Santo, além de implementar iniciativas de empoderamento das mulheres. Após um período na Colômbia, onde se certificou em *coaching* executivo, Monica voltou ao Brasil e aguarda retornar às funções diplomáticas. Atualmente, preside a Câmara Empresarial de Comércio Brasil-Argentina.

Mãe do Juan, 35 anos, da Alejandra, 32 anos, e da Sophia, 19 anos.

Os primeiros desafios profissionais e a maternidade

Sou de Quito, Equador, onde me formei em Fisioterapia. Aos 23 anos, comecei a trabalhar em um hospital e logo percebi que a minha chefe me passava cada vez mais responsabilidades. Um dia ela me perguntou se eu poderia assumir a função de chefe de serviço. Eu sabia que seria um desafio enorme porque estava há menos de seis meses no trabalho e, especialmente, porque já tinha meu filho, Juan, na época com pouco mais de um ano. Apesar de todas as dificuldades, aceitei, acreditando que conseguiria conciliar o lado profissional com a maternidade.

A partir daí, comecei a me preparar e estudar muito. Afinal, eu também tinha ambição de chegar longe como profissional. Em menos de um ano, fui nomeada diretora de cinco departamentos, além de organizar eventos e congressos de educação contínua em Medicina. Meu trabalho envolvia grandes equipes, e a responsabilidade era enorme.

Com o ritmo acelerado no hospital, nem pensava em engravidar novamente. A experiência de ter meu primeiro filho foi muito difícil: foi preciso fazer indução e cesariana. Tinha 22 anos e cheguei a dizer que não engravidaria outra vez. Além disso, ter ajuda para criar dois filhos era mais complicado. Mas fui descobrindo a beleza de ser mãe e percebendo que meu filho estava cada vez mais independente. Considerei, então, que ter um segundo filho não era uma ideia absurda e tive a minha filha, Alejandra. Enquanto Juan sempre foi tranquilo, sereno, um menino organizador de seus brinquedos, Alejandra era uma dinamite.

Tudo exigia muita organização. Cada uma das minhas tarefas tinha o tempo exato: "Não tenho tempo para fazer isso agora." ou "Tenho só vinte minutos para fazer isso." Alejandra até ri porque ela hoje, como mãe, é igualzinha.

A verdade é que, com foco, você consegue dar conta. Ser mãe, ser executiva e assumir cargos de liderança é uma combinação desafiadora. Ainda por cima você precisa chegar ao trabalho com um sorriso no rosto, como se estivesse tudo sob controle, mesmo quando está cheia de dúvidas ou pendências.

Felizmente, eu tinha uma rede de apoio muito forte: meu marido, Fernando, minha mãe, minha sogra, minhas cunhadas e uma tia. Essa rede foi essencial, mas não tirou as minhas responsabilidades. Eu ainda tinha que chegar em casa e assumir que meus filhos precisavam de meus cuidados diretos. E no final do dia ainda faltava fazer relatórios como gestora.

A vinda para o Brasil e uma família ainda mais unida

Quando Juan tinha doze anos e Alejandra, oito, Fernando foi transferido para o Rio de Janeiro. Ao chegarmos, fui surpreendida com um documento que dizia que eu não tinha permissão para trabalhar no Brasil. Foi um balde de água fria. No Equador, eu era diretora de um hospital de prestígio e agora não poderia exercer minha profissão.

Pensei várias vezes em voltar ao meu país, o que representaria uma ruptura familiar. Por outro lado, considerei que seria a oportunidade de viver de forma mais relaxada, sem a pressão do trabalho, até porque eu não tinha minha rede de apoio familiar no Brasil. Optei por ficar e passei a me dedicar bastante às tarefas e atividades dos meus filhos e a reservar mais tempo para mim e meu marido.

No entanto, deixar de trabalhar nunca foi uma opção real para mim. Minha essência como pessoa é composta do meu lado profissional e do lado maternal. Ao não poder exercer minha profissão, eu estava incompleta, com a sensação de que faltava algo.

Foi então que soube que precisava criar um plano de ação para minha vida para transformar essa situação limitante em uma oportunidade. Fiz um MBA em Gestão de Negócios e outro em Gestão de Recursos Humanos. Com o tempo, consegui me rodear de pessoas que foram minha rede de apoio e meu marido passou a ter um papel mais ativo em casa. Nossa família se uniu ainda mais.

A maternidade como potencialização

A vida dá muitas voltas: enquanto eu estava cursando minha pós-graduação, me disseram que essa era minha última chance de ter filhos. Decidimos então ter minha terceira filha, Sophia. Eu estava em um momento de transição. Como não podia trabalhar, aproveitei para estudar e me dedicar ao trabalho voluntário no consulado do Equador. Embora eu não pensasse em ter outro filho, a ideia de que, aos 39 anos, eu ainda poderia completar minha família começou a tomar forma. Meus filhos já eram crescidos e mais independentes. Um dia pensei: "Eu vou me arrepender mais de não ter mais um filho do que de ter."

Sophia não veio para preencher um vazio, porque minha vida já estava estabilizada tanto financeira quanto emocionalmente. Para mim, ela foi uma potencialização. Quando ela estava com dois meses, voltei ao mercado de trabalho, desta vez na área de realocação, ajudando executivos expatriados a se adaptarem ao

Brasil. Depois, trabalhei como assistente pessoal da representante para a América Latina de vacinas de uma empresa farmacêutica.

Até que, um dia, a Embaixada do Equador me perguntou se eu conhecia alguém que pudesse assumir a função de Cônsul Honorária. Respondi: "Conheço: eu." A preparação para essa função foi intensa. Fiz cursos, estudei cerimonial, etiqueta, viajei para Quito e Brasília. Quando finalmente fui nomeada, mesmo com toda a preparação, não tinha ideia do tamanho do desafio. Ao perguntar sobre como era ser cônsul, eles responderam: "Você só precisa de quatro horinhas." Na realidade, eles não mentiram, eu passei a ter só quatro horas de sono por dia.

Nos cinco anos em que fui Cônsul Honorária, não recebi salário. As pessoas perguntavam por que eu aceitei um trabalho sem remuneração. A verdade é que, após tanto tempo sem uma atividade intelectual e profissional, eu estava ganhando muito como pessoa, mesmo sem receber um centavo. Mais tarde, quando fui nomeada Cônsul-Geral e passei a receber um salário, senti um compromisso ainda maior em dar o meu melhor. Sempre dizia que, se eu já trabalhava com excelência sem remuneração, agora, com salário, tinha ainda mais responsabilidade e compromisso.

É importante saber que o trabalho nos oferece a possibilidade de crescer. Quando se é mãe, você aprende a organizar e otimizar seu tempo, a ser uma líder. Quando você consegue ter a capacidade de responder adequadamente às demandas do trabalho e da maternidade, você pode alcançar muitos outros patamares. É uma relação complementar.

Tenho a honra de dizer que, em reconhecimento à minha gestão como Cônsul-Geral, fui a primeira mulher e a única pessoa nomeada por unanimidade como decana do Corpo Consular no Rio de Janeiro. Nesse cargo, representava o Corpo Consular na interação com autoridades governamentais e desenvolvia protocolos de gestão para garantir a cooperação técnica entre as entidades, defendendo os direitos dos cidadãos equatorianos, promovendo o comércio, o turismo e a cultura do Equador e implementando iniciativas para empoderar as mulheres.

Uma nova transferência, um novo começo

Eu estava feliz com minha vida profissional e familiar quando meu marido foi transferido para a Colômbia. No início, tentei contornar a situação, viajando frequentemente entre o Rio e Bogotá, mas logo ficou evidente que nossa família precisava estar reunida. Lembro que uma vez eu precisava estar no Brasil e Fernando tinha que viajar para a Europa. Não conhecíamos ninguém em Bogotá, e minha cunhada teve de sair do Equador para cuidar da Sophia na Colômbia, pois não era tão simples deixá-la com uma pessoa contratada. Senti que minha filha precisava de mim e, após seis meses, pedi demissão e me mudei para a Colômbia. Apesar de ter preparado o consulado para minha saída, foi uma decisão extremamente difícil. Tive que me reinventar mais uma vez: em Bogotá, prestei consultoria em imagem, cerimonial e protocolo e me certifiquei em *coaching* executivo.

Logo depois da pandemia, voltamos para o Rio de Janeiro, onde estou aguardando uma definição governamental para retomar minhas funções. Hoje, estou envolvida em várias iniciativas de empoderamento de mulheres e em projetos sociais, ajudando mães e famílias lideradas por mulheres a superarem suas vulnerabilidades.

Mãe e executiva como papéis complementares e não excludentes

Minha mensagem para outras mulheres é simples: ser mãe e ser executiva não são coisas excludentes, são complementares. É possível conciliar os dois papéis. Embora não seja fácil, traz muito aprendizado. As mulheres tendem a ser mais empáticas e atentas aos detalhes, o que nos ajuda a equilibrar esses desafios.

Também é importante reconhecer que ser mãe não significa assumir todas as responsabilidades. Algumas coisas simplesmente não vão se encaixar na sua rotina, e está tudo bem. Eu, por exemplo, nunca fui boa na cozinha, e aprendi a aceitar isso sem culpa.

Ao olhar para minha vida, vejo um lar feliz, um companheiro que brilha no que faz e filhos que seguem seus próprios caminhos, guiados pelos valores que cultivamos. Minha carreira e minha família sempre se complementaram, e a felicidade foi meu principal objetivo. Portanto, meu conselho é: não desista. Ser mãe e ser profissional é possível, e é uma escolha que vale a pena.

Juan, 35 anos

Nunca quis que minha mãe não trabalhasse, porque, desde pequeno, essa sempre foi a nossa realidade. Lembro bem de quando ela trabalhava como fisioterapeuta no hospital. Um dos momentos mais marcantes foi quando minha mãe se tornou diretora e mudou de escritório. De repente, ela tinha uma sala só dela, e eu adorava entrar e mexer em tudo. Na época, por ser criança, não entendia a dimensão daquele momento, mas hoje, olhando para trás, percebo o quanto foi uma grande conquista.

Apesar de ser uma profissional dedicada, nunca senti falta dela quando precisei. Até hoje, quando digo: "Mãe, preciso disso aqui.", ela dá um jeito de resolver. Ela sempre foi incrível em gerenciar tudo ao mesmo tempo. Eu até brinco que ela é um polvo, com várias mãos, pronta para resolver qualquer situação, não importa o quão complicada seja.

Minha mãe teve uma grande influência na minha vida. Hoje, trabalho como consultor de estratégia e performance para governos, gerenciando grandes volumes financeiros para melhorar sistemas e gastos governamentais. Esse senso de responsabilidade e de fazer as coisas bem-feitas veio dela. Desde pequenos, aprendemos que nosso nome está ligado ao que fazemos, então tudo precisa ser impecável.

Se, quando criança, eu escrevesse algo errado, minha mãe rasgava a folha e dizia: "Faça de novo." Ela era exigente, mas isso nos ensinou a sempre buscar a excelência. Alguns poderiam ver isso como rigidez, mas, para nós, era uma lição de que qualidade é fundamental. Ela é um

exemplo de mãe e de profissional, especialmente por saber equilibrar disciplina e compreensão.

Por ter crescido vendo o exemplo da minha mãe, da Alejandra e da Sophia, nunca hesitei em incluir mulheres na minha equipe. Aliás, percebo que contratei mais mulheres do que homens. Sei que ainda há muitos tabus sobre mulheres no ambiente de trabalho, especialmente quando têm filhos ou estão grávidas. Acredito que isso deveria ser encarado de forma diferente, afinal, é uma celebração da vida.

As empresas precisam entender que apoiar a maternidade faz parte do crescimento, não só profissional, mas comunitário. Quando você apoia sua comunidade, sua empresa também cresce. Encaro isso como um investimento no futuro. Tratar uma mulher mal porque ela está grávida ou tem filhos cria uma imagem ruim para a empresa, que pode repercutir negativamente no longo prazo. Essa é minha maneira de ver: você deve começar hoje a pensar no futuro.

Alejandra, 32 anos

Quando me perguntam sobre como me sentia por minha mãe trabalhar muito, sempre me lembro de uma história que me contam, embora eu mesma não tenha memória disso. Minha mãe dirigia o departamento de fisioterapia de um hospital e, quando alguém ligava para ela, precisava dizer: "Gostaria de falar com a Monica da Fisioterapia." Para mim, isso era uma grande referência. Se minha mãe era da Fisioterapia, eu também precisava ser. Quando as pessoas perguntavam o meu nome, eu respondia com orgulho: "Meu nome é Alejandra Loaiza Delgado da Fisioterapia!", porque, na minha cabeça, eu precisava ser igual a ela.

É curioso, porque as pessoas normalmente falam sobre o orgulho de um homem que trabalha, mas quando é a mulher que está no mercado de trabalho, muitas vezes só se comenta sobre sua ausência em casa. Porém, no meu caso, sempre reclamei mais da ausência do meu pai. Até hoje brinco com ele: "No meu aniversário de sete anos você não estava lá." Já com minha mãe, a percepção era diferente. Ela sabia encontrar o equilíbrio entre ser mãe e ter sucesso na carreira. Esse equilíbrio, aliás, é algo que eu tento alcançar hoje. Minha mãe foi um grande exemplo para mim, um exemplo do potencial que a gente pode alcançar como mulher.

Hoje tenho a minha própria empresa, trabalho até 15 horas por dia e sou mãe de um menino de um ano. Recentemente, precisei viajar a trabalho por duas semanas e não levei meu filho. Sinto que estou passando pelas mesmas etapas que minha mãe viveu.

A decisão dela de ter a Sophia foi um marco na minha vida. Lembro-me claramente de ouvir minha mãe dizer: "Eu vou me arrepender mais de não ter do que de ter outro filho." Essa frase ecoou em mim. Durante muito tempo, fui muito focada no trabalho. Por sete anos, cancelei viagens e férias por causa das demandas profissionais. Até que, um dia, eu e meu marido nos perguntamos: "Será que é hora de nos dedicar 100% ao trabalho ou estamos prontos para ter um bebê?" Ambos chegamos à conclusão de que era o momento certo para ter um filho, mas com a condição de que continuaríamos crescendo profissionalmente.

Quando meu filho nasceu, tirei três meses de licença-maternidade. Um dos meus chefes chegou a me dizer: "Alejandra, muitas mulheres, nessa situação, optariam por se dedicar apenas à maternidade, já que seu marido tem um ótimo emprego." Reagi sem hesitar: "Eu sou composta de duas partes. Uma que adora ver meu filho crescer e estar lá quando ele precisar, e outra que é executiva, que quer continuar crescendo na carreira e ser quem eu sou." Essas duas partes são essenciais para mim, e não consigo me imaginar sem uma delas. Acredito que essa visão vem do exemplo da minha mãe, uma mulher que sempre equilibrou sua vida profissional e a maternidade, mostrando que é possível ser bem-sucedida em ambas as áreas.

Na minha visão, ser mãe hoje não é mais fácil do que era no passado. O esforço é o mesmo, mas é inegável que temos ferramentas que facilitam o dia a dia. Por exemplo, trabalhei de casa e consegui amamentar meu filho até os oito meses. Isso foi possível porque eu podia tirar leite entre uma ligação e outra. Minha mãe, por outro lado, não teve essa opção. Quando trabalhava no hospital, não havia a possibilidade de trabalhar de casa por alguns meses.

Outra mudança que noto é a participação dos pais. Meu marido tirou três meses de licença-paternidade, algo impensável no passado. Inicialmente, ele teve uma crise quando percebeu que se enganou ao achar que estar em casa cuidando do bebê seria como tirar férias. Com o tempo, ele passou a valorizar muito mais o que eu fazia. Infelizmente, muitos homens ainda não aproveitam esse tempo de licença, o que cria uma disparidade, porque as mulheres pausam suas carreiras, enquanto os homens seguem avançando.

Além do esforço compartilhado com o meu marido, acho fundamental ter uma rede de apoio. Quando meu filho tinha oito meses, comecei a sentir que as coisas não iam bem na empresa onde trabalhava. Pensei em mudar para um emprego que demandasse menos de mim, para poder passar mais tempo com ele. No entanto, meu verdadeiro desejo era abrir minha própria empresa, o que, claro, implicaria mais trabalho e desafios.

Conversei com meu marido e com meus pais: "Se eu seguir esse caminho, vou precisar da ajuda de vocês com o bebê, porque vou trabalhar ainda mais." Todos me deram total apoio, nunca duvidaram da minha capacidade. Toda vez que preciso, ligo para minha mãe, dizendo: "Esta semana, eu e meu marido estaremos viajando ao mesmo tempo, e não temos com quem deixar o bebê." Ela está sempre pronta para ajudar.

Eu, Sophia e Juan tivemos a chance de sonhar alto porque tínhamos o apoio incondicional da minha mãe e do meu pai. Eles estiveram presentes em todos os momentos, oferecendo suporte e carinho.

Uma coisa que achava muito bonita na minha mãe é sua disposição para ajudar, mesmo nas tarefas das quais ela nunca gostou. Por exemplo, minha mãe não gosta de cozinhar, mas um dia, vendo que eu estava ocupada com o bebê, decidiu fazer hambúrgueres para mim. "Mãe, você nunca cozinhou na vida, por que está fazendo isso agora?", perguntei. Ela insistiu: "Pode deixar, eu vou fazer esses hambúrgueres para você!" Mesmo que o resultado não tenha sido dos melhores, o gesto de carinho foi o que mais importou.

Quando você é mãe, precisa ser extremamente eficiente, porque não há tempo a perder. É preciso fazer as coisas de forma rápida e correta. Acho que essa habilidade de ser eficaz, de realizar várias tarefas ao mesmo tempo e ainda ter uma visão ampla, é algo que toda empresa deveria valorizar nas mães.

Ao mesmo tempo, é fundamental reconhecer que você não pode fazer tudo. É preciso renunciar a algumas coisas. Sempre lembro de uma palestra que assisti quando estava grávida de nove meses. Uma das palestrantes olhou para mim e disse: "Você pode ser mãe e executiva, mas precisa entender que não pode fazer tudo." Esse conselho ficou comigo.

Eu falo para o meu filho: "Você não vai ter biscoitos caseiros feitos por mim, mas vou comprar os da padaria e você não vai ficar sem biscoitos. Não me compare com outras mães, porque eu sou quem

eu sou, e você vai ter muito orgulho de mim, tanto como mãe quanto como executiva."

Sophia, 19 anos

Assim como meus irmãos, também me lembro do grau de exigência da minha mãe. Com ela, nada podia ficar pela metade, tudo tinha que ser o melhor possível.

Minha primeira lembrança dela trabalhando é aqui em casa, quando o consulado honorário funcionava na nossa sala. Minha mãe dizia: "Não pode fazer barulho, você fica no seu quarto porque estou trabalhando, e não desce. Só me chama se for algo muito sério." Lembro de espiar pela porta o que ela estava fazendo e, mesmo pequena, eu via o quão importante ela era, ajudando tanta gente, sempre vestida de forma elegante e profissional. Mesmo que não entendesse o que exatamente significava ser Cônsul, sabia que era sinônimo de uma pessoa importante, que ajudava os outros, e que eu precisava dar espaço para ela brilhar. Eu sonhava em ser assim quando crescesse.

Apesar de muito dedicada, e trabalhar até tarde, e mesmo nos finais de semana, ela sempre foi uma mãe presente. Não consigo me lembrar de uma vez que não tenha ido assistir a uma apresentação minha, me levado ao médico, me buscado em algum lugar. Minha mãe estava em todos os eventos escolares, inclusive naqueles em que sua presença não era obrigatória. Portanto, para mim, além de uma profissional dedicada, ela é uma mãe mais dedicada ainda.

Quando estava me candidatando para a faculdade nos Estados Unidos, escrevi um ensaio sobre ela. Falei sobre como foi crescer com o consulado dentro de casa e ver todo o empenho da minha mãe em ajudar as pessoas e representar o Equador. Isso me influenciou profundamente, já que ela me ensinou valores essenciais, como a importância do trabalho duro e de ter responsabilidade, compromisso e resiliência. Esse ensaio me ajudou a entrar na Georgetown University, em Washington, onde estou cursando Políticas Públicas. Estou trilhando um caminho para, assim como ela, servir aos cidadãos do meu país. A forma como ela se dedicou e impactou positivamente a vida de tantas pessoas me inspira a seguir seus passos e a buscar fazer a diferença na sociedade através do meu trabalho.

Recentemente, comentei com ela que, só agora, nesses últimos meses que estou estagiando no Governo do Estado, é que comecei a realmente entender o que ela fazia. Tenho tido o privilégio de conhecer pessoas que trabalharam com ela e, quando digo que sou Sophia Loaiza, me olham e dizem: "Ah, você é filha da Monica? Eu trabalhei com sua mãe, ela é maravilhosa." Ouvir isso me enche de orgulho, e penso: "Quero que falem assim de mim também." É muito bonito ver como os olhos das pessoas brilham quando sabem que eu sou filha dela. Pude ver como amavam minha mãe e como era sempre um prazer trabalhar com ela. Diversas pessoas me falaram da sua dedicação e de tudo que ela alcançou, e realmente não existe outra palavra para descrever o que eu senti além de *orgulho*. Orgulho de tê-la como mãe e orgulho de tudo que ela já conquistou. Quem sabe, no futuro, eu possa seguir uma carreira diplomática. Ainda não tenho certeza, mas sei que quero deixar uma marca como ela deixou.

Nossa família é muito aberta a conversas. Falamos sobre nossas experiências, sobre o que aprendemos e como isso impactou nossas vidas. Acho que, por essa troca frequente, eu sempre soube como era o trabalho da minha mãe.

Se eu tivesse que dizer algo para ela hoje, seria que, enquanto meus irmãos já estão consolidados em suas carreiras, eu ainda tenho muito a aprender com ela. Tenho certeza de que, com seu exemplo, estou no caminho certo, e ela continua sendo minha maior inspiração.

Eu gostaria também de agradecer a ela por tudo o que sou e por tudo o que ainda vou ser. Como mulher e como profissional, espero chegar aos seus pés e lhe dar o mesmo orgulho que sinto todos os dias. Desde pequena, quando fazíamos os meus deveres de casa juntas até hoje em dia, na faculdade, sei que sempre posso contar com ela, e que ela merece todo reconhecimento e muito mais.

Neivia

Neivia Justa é cearense, nascida em Fortaleza em 17 de julho de 1969 (três dias antes de pisarmos na Lua). Ela tem trinta anos de experiência liderando times de Comunicação e Inclusão das Diversidades Humanas, em empresas globais como Timex, Natura, GE, Goodyear, J&J e UHG. Líder ativista corporativa, foi uma das primeiras mulheres *Top Voices* do LinkedIn no Brasil. Em 2022, foi escolhida como uma das 50 líderes globais da primeira turma do *Vital Voices Visionaries*. Em 2022 e 2023, foi eleita *Top Voice Latin America* pelo *Thinkers 360*, que, em 2024, a elegeu uma das *Top 50 Thought Leaders* da América Latina.

Mãe da Luiza, 21 anos, e da Julia, 19 anos.

Desafiando a tradição

O trabalho sempre foi um pilar fundamental na minha vida. Comecei a trabalhar cedo, ainda aos 15 anos, pois queria o quanto antes ser independente e ganhar meu próprio dinheiro. Meus pais tinham uma rede de escolas, e eu ajudava na secretaria durante as férias de julho e dezembro.

Estagiei desde os vinte anos em várias áreas: agência de publicidade, rádio, TV e jornal. Iniciei minha carreira profissional aos 22 anos, como cofundadora de uma revista no Ceará, apresentadora de TV em dois programas ao vivo e escrevia uma coluna no jornal *O Povo*, que foi a mais lida do Ceará durante um ano. Foi um início profissional meteórico.

Quando olhava para as mulheres da minha família, para as amigas da minha mãe e para as minhas próprias amigas no Ceará, eu percebia que não queria aquela vida. Nada contra as escolhas delas, mas queria ter as mais variadas experiências. Resolvi me mudar para São Paulo, pois sabia que, se não fizesse isso, em dois anos eu estaria casada, mãe, levando as crianças à Disney todo ano e me contentando com essa vida.

Em São Paulo, foquei em construir minha carreira e, por muito tempo, evitei relacionamentos que pudessem me prender ou ameaçar meus objetivos. Só vim a ter um namoro sério aos trinta anos, com Eduardo, meu marido – estamos juntos há 25 anos –, quando minha vida profissional estava mais ou menos estabilizada. Por isso, eu comecei a considerar a hipótese de me casar, mas nunca me passou pela cabeça ser mãe. Só que Eduardo era louco para ser pai. Ele tinha sido casado com outra pessoa por vinte anos e não tinha tido filhos. Eu prometi para ele que eu, depois de um ano de casada, tentaria engravidar.

De repente, me vi grávida!

Não posso dizer que eu estava pronta. Acho que qualquer mulher que diga estar pronta para ser mãe não sabe do que está falando. Ninguém pode estar pronta para algo que ainda não conhece. Afinal, a maternidade não vem com manual. Mas, naquele momento, decidi tentar engravidar.

E de repente me vi grávida! Foi uma sensação maravilhosa e mágica. Passei muito bem durante toda a gestação, sem dores ou problemas. Tinha um marido que me via como uma deusa, muito feliz com a novidade. A família inteira estava radiante.

Durante minha gravidez, algo inesperado aconteceu: o Eduardo recebeu uma proposta para trabalhar no Rio de Janeiro. Eu não queria me mudar estando grávida e disse a ele: "Vá atrás do seu sonho. Depois que a Luiza nascer, a gente reavalia."

Quando ela nasceu, eu era sócia-investidora de uma marca de luxo de acessórios e trabalhava na Natura há alguns anos. Durante a minha gestação, tivemos que passar a trabalhar na fábrica em

Cajamar, a 29 quilômetros de São Paulo. Era duro pensar que eu teria que viajar todo dia para trabalhar, deixando a Luiza no berçário ou com uma babá, já que Eduardo estava no Rio. Essa situação não fazia sentido para mim, então decidi sair e fui tocar meu próprio negócio. Dois anos depois, engravidei da Julia.

No fim, fiquei quatro anos com o marido trabalhando em outra cidade. Nesse período, tive duas filhas, sem nenhuma família ou rede de apoio por perto. Sempre fui otimista e, felizmente, deu tudo certo.

Retorno ao mundo corporativo

Quando a Luiza tinha quatro anos e a Julia, dois, o Eduardo voltou para São Paulo, mas dessa vez desempregado. Percebi que não dava para ambos estarmos em situação de risco com duas filhas pequenas, então decidi voltar ao mundo corporativo.

Um belo dia, uma recrutadora me ligou dizendo que estava buscando uma gerente de comunicação corporativa e, em trinta dias, fui contratada.

Na véspera de começar no trabalho, expliquei as mudanças para as meninas: "A partir de amanhã, só nos veremos de manhã e à noite. No café da manhã, no jantar e na hora de dormir, estaremos juntas. Quero que saibam que o trabalho é uma parte muito importante da minha vida. Serei uma mãe melhor porque vou fazer o que eu gosto. Um dia vocês também seguirão seu próprio caminho."

Eduardo olhou para mim e perguntou: "Você acha que elas entenderam alguma coisa?" Respondi: "Eduardo, elas entenderão ao longo da vida." E foi o que aconteceu. Hoje, com 21 e 19 anos, elas cresceram vendo a mãe feliz com o trabalho, orgulhosa e dedicada. Sempre as envolvi na minha jornada, levava para conhecer as empresas e contava sobre o que fazia.

Quando o pai participa de tudo

O único momento em que senti culpa como mãe foi quando Luiza tinha onze anos e ficou menstruada pela primeira vez. Na minha ausência, o Eduardo a ajudou, ensinando-a a colocar o absorvente. Até hoje, ela brinca: "Mamãe, acho que é por isso que nunca aprendi direito a usar absorvente!"

Sempre tive um marido muito participativo, que realmente divide as tarefas comigo. Desde que engravidei, estabelecemos algumas condições. Sem uma rede de apoio familiar por perto, precisaríamos nos estruturar para ter a ajuda necessária, pois eu não iria parar de trabalhar.

Quando Eduardo voltou a morar em São Paulo, dividir as tarefas ficou ainda mais fácil. Em alguns períodos, eu fazia viagens internacionais todos os meses, então o pediatra das meninas praticamente não me via.

Caindo a ficha

Meu processo de conscientização sobre desigualdade de gênero foi gradual. Venho de uma geração em que esse tipo de conversa simplesmente não existia. Aos 24 anos, fui assediada sexualmente e fiquei calada porque não havia a quem recorrer. Se eu tentasse denunciar, provavelmente me culpariam. Fiquei vinte anos sem falar sobre isso e só fui contar com o surgimento do movimento *Me Too*. Foi um choque para meu marido, minhas filhas e meus pais, que não faziam ideia do que eu havia vivido em silêncio.

Quando entrei em uma grande multinacional em 2011, fui convidada a participar do grupo global de mulheres. No começo, não fazia sentido para mim e pensava: "Por que essas mulheres se reúnem para falar sobre aleitamento? Já passei por isso." Sempre fui pragmática, com pouca paciência para o que me parecia drama ou exagero. Eu não tinha consciência do meu privilégio como mulher branca de classe alta, que teve acesso às melhores oportunidades e educação.

Em 2014, ao entrar em uma nova multinacional, descobri que eu era a primeira mulher a integrar aquela diretoria em 99 anos de história da empresa na América Latina. Era surreal, pois estamos falando de apenas dez anos atrás. Todos os meus pares eram homens brancos, héteros, cis, mais velhos que eu. A exceção era o diretor de RH, que era um homem negro. Eles sequer sabiam como lidar comigo.

Eu era tão inconsciente que ainda carregava o que chamo de *orgulho de autoria*: achava incrível ser a primeira mulher naquela diretoria em, praticamente, um século, mas essa sensação de conquista durava apenas uns dois minutos. Não havia com quem dividir experiências, me inspirar ou me aconselhar. Era só eu e eles.

Onde estão as mulheres?

Demorou quase um ano até eu entender o que tudo isso significava. Só me dei conta quando, em 2015, a Amcham de Goiânia me convidou para uma palestra sobre a evolução do marketing nos últimos vinte anos. Eu havia preparado uma palestra que, ao final, abordava tendências e diversidade – ainda de um jeito teórico, sem muita convicção. Finalizei a apresentação com uma imagem minha entre o Jaime, o CEO, e o Marvin, diretor de RH e negro. "Olhem essa foto, vocês não vão achar uma diretoria mais diversa que essa", eu dizia, "uma mulher e um homem negro – os primeiros em 99 anos de história da empresa na região." No fim da palestra, o pessoal da Amcham praticamente saltou sobre mim, dizendo que eu precisava voltar para um fórum de liderança feminina na semana seguinte. Fiquei muito surpresa, não sentia que tinha realmente alguma história para contar. Também achei a expressão *liderança feminina* esquisita. Afinal, liderança não tem gênero!

Voltei para São Paulo confusa e pedi uns dias para refletir se voltaria para dar a palestra. Passei o fim de semana inteiro estudando e fiquei horrorizada com a minha inconsciência. Pensei: "Em que planeta eu estava? Como não percebi nada disso antes?" Olhei para as minhas filhas e decidi: "Preciso fazer algo para melhorar o mundo para elas, mas o quê?" Eu podia começar falando sobre o assunto e passei a aceitar todos os convites para palestras e eventos.

Percebi que a presença de mulheres nos lugares de liderança era ainda mais escassa. Por onde eu olhava, só via homens, em eventos, palestras, conselhos, diretorias, governos, programas de TV. Fiquei muito incomodada e comecei a verbalizar e questionar essa situação. Um dia, meu marido me desafiou: "Ficar só reclamando não adianta. Você não é uma pessoa de ação? Então, faça alguma coisa!" Foi assim, de maneira completamente intuitiva, que criei o movimento *Onde Estão as Mulheres?*.

Comecei a tirar fotos de eventos e locais sem presença feminina e postar nas minhas redes. Era só isso, mas foi revolucionário. Eu estava evidenciando o que as pessoas não enxergavam – o que até eu levei tempo para perceber. Passei a ser alvo de ataques – homens me execravam, me agrediam, destruíam minhas postagens, sem nenhum pudor. Eles estavam muito seguros de que não seriam punidos. Quase desisti.

De repente, mulheres começaram a me enviar fotos, e eu dizia: "Por que você não posta?" Elas respondiam: "Tenho medo de ser demitida, de ser retaliada, de deixar de ser promovida. Posta você, já que foi você que começou." Nesse momento, me dei conta de que, mesmo inconscientemente, eu era uma pessoa muito corajosa. Tive a ousadia de desafiar o *status quo* sem ter plena noção das retaliações que enfrentaria. Passei a contar com várias curadoras. Todos os dias, recebia novas imagens para postar.

Criei em seguida outra iniciativa, a *Aqui Estão as Mulheres*, para dar visibilidade às mulheres que estão protagonizando histórias de sucesso. Com esse novo movimento, todos os dias eu postava uma imagem de uma mulher em destaque, usando a *hashtag #AquiEstãoasMulheres*. Quando possível, eu marcava a pessoa e escrevia: "Fulana nos representa."

Algo inesperado aconteceu. Mulheres que eu não conhecia me escreviam no privado, desconfiadas, perguntando o que eu queria em troca. Estou falando de oito anos atrás, quando sororidade era quase ficção científica. As que me conheciam não questionavam, mas as desconhecidas, perguntavam: "Por que você está me promovendo?" Levei um tempo para entender. A pergunta me parecia tão absurda que, no início, nem sabia como responder. Quando entendi, disse: "Faço isso porque acredito que a vitória de uma mulher é a vitória de todas nós. Quando você chega aonde chegou, abre espaço para outras que querem e podem vir depois. Mostra que é possível, e isso inspira. Eu não quero nada em troca."

Com o tempo, o *Aqui Estão as Mulheres* se transformou em um verdadeiro selo de reconhecimento e tomou proporções inusitadas. Hoje, vários homens são meus curadores. Alguns ficam tão incomodados em reuniões apenas com homens que tiram fotos e me enviam com o pedido: "Posta, mas não revela a fonte." Eu sempre respondo: "Fica tranquilo, sou jornalista; jornalista não revela a fonte."

Infelizmente, retrocedemos muito desde 2020, e isso me deixou cada vez mais cética quanto à desconexão entre discurso e prática. Ando extremamente cautelosa com algumas conversas e penso bastante antes de entrar nelas.

Em uma discussão envolvendo um executivo que proferiu um comentário absolutamente lamentável sobre mulheres em posição de liderança, eu decidi não me posicionar, mesmo com várias mulheres me cobrando o dia inteiro, porque conheço bem o perfil desse homem. Sei que é exatamente isso o que ele quer: que falemos sobre ele. Optei por fazer uma postagem sobre o silêncio ensurdecedor dos homens, questionando: "Onde estão os homens que apoiam mulheres?" Eu comentava que, no meu LinkedIn, com 90 mil seguidores, apenas dois homens haviam se pronunciado. Pedi que, se alguém tivesse visto algum homem se posicionando, o marcasse e colocasse a postagem dele na conversa para dar visibilidade a esses aliados.

Hoje, priorizo ações que realmente possam promover um avanço. Não gasto mais meu tempo e minha energia com quem não vai sair do lugar, foco em quem tem potencial para transformar a realidade ou em quem posso sensibilizar.

Felicidade e responsabilidade

No decorrer dos anos, dediquei esforços para oferecer a minhas filhas experiências variadas para que pudessem fazer suas próprias escolhas, descobrindo do que gostavam e do que não gostavam. Lembro de uma frase que disse à Luiza quando ela tinha 13 anos, algo que talvez tenha dado um nó na cabeça dela. Ela me perguntou: “Mamãe, o que você quer que eu seja?” Minha resposta foi simples: “Feliz com as suas escolhas.” Essa sempre foi a minha filosofia.

Hoje, a Luiza faz Relações Internacionais, mas seu sonho é ser atriz, e por isso ela também faz um curso de teatro profissionalizante. Já a Julia escolheu Jornalismo. Confesso que fiquei surpresa quando ela nos contou, com a orientadora vocacional; eu achava que ela seguiria Direito, por causa do talento com a escrita e argumentação. Comentei isso com a minha mãe, e ela respondeu: “Você não tem ideia da influência que tem sobre suas filhas. Elas a idolatram e seguem seu exemplo.”

De fato, criei duas jovens feministas, comprometidas a lutar pelo próprio espaço e, acima de tudo, a serem felizes com suas escolhas. Fiz questão de ensinar também que toda escolha implica responsabilidade. Tanto eu quanto o Eduardo estaremos sempre aqui para apoiá-las, mas as decisões são delas e elas deverão assumir as consequências.

Maternidade ou carreira: falso dilema

Eu costumo dizer que é possível fazer tudo, desde que você saiba que não vai ser perfeita e que pedir ajuda é fundamental. É preciso entender que você não controla tudo e que não terá todas as respostas. Qualquer mulher que almeje ser perfeita está se colocando em um lugar de desumanização. Acho que vamos errar muito, mas sempre tentando acertar, com a melhor das intenções.

Tenho conversas frequentes com as meninas sobre isso e aprendo com elas todos os dias, especialmente agora que são jovens adultas. A maternidade é uma jornada espetacular. Ela nos transforma em todos os sentidos, tornando-nos pessoas, mulheres e profissionais melhores. Tenho um grande respeito por todas as amigas que escolheram não ser mães, e eu quase fiz essa escolha. Mas hoje não consigo imaginar minha vida sem minhas filhas. Sou extremamente feliz e morro de orgulho delas.

Para as mulheres que desejam ser mães e profissionais, afirmo que é possível conciliar – trata-se de um *e*, não de um *ou*. Não adiem esse desejo, pois a janela de oportunidade pode se fechar. Se você está em um ambiente que não acolhe a maternidade, é hora de buscar um lugar que a aceite plenamente.

Não faz sentido que uma mulher seja penalizada por escolher contribuir para a continuidade da humanidade. Há, sim, espaços para mulheres que são mães e profissionais, e é nesses lugares que você merece estar.

Luiza, 21 anos

Minha mãe sempre trabalhou muito. Antigamente, sua área principal era o Marketing; hoje, ela está mais focada na Comunicação. Eu, por outro lado, faço faculdade de Relações Internacionais e estágio em *customer service international*. É um caminho diferente do que ela seguiu, mas, no fim das contas, acredito que eu também vá me voltar para a Comunicação, área com a qual me identifico bastante.

Tentei fugir dessa escolha no começo. Ela dizia que eu tinha perfil para a área e, em todos os processos seletivos ou entidades da faculdade, acabavam me alocando em funções ligadas a Comunicação, Relações Públicas ou Marketing. Mesmo assim, eu insistia em negar, achava que minha área era RH.

Sobre a presença dela em minha infância, eu não sentia falta, apesar de ela trabalhar muito e estar bastante dedicada à carreira. Hoje foi Dia das Crianças na empresa onde trabalho, e isso me fez lembrar que, quando éramos pequenas, participávamos de eventos na empresa da minha mãe. Em momentos em que ela trabalhava até mais tarde, conseguíamos nos ver apenas por volta das oito ou dez horas da noite, mas sempre mantivemos uma conexão forte. Claro que, em algumas fases, havia períodos de viagens intensas, tanto dela quanto do meu pai.

Uma história que costumamos contar é sobre o dia da minha primeira menstruação. Minha mãe estava em viagem e só soube do ocorrido pelo telefone, e quem acabou me ajudando foi meu pai. Ela se sentiu culpada, mas para mim foi tranquilo, e hoje esse episódio se tornou uma lembrança familiar engraçada.

Ao longo dos anos, nunca imaginei que minha mãe pudesse deixar de trabalhar, pois crescemos vendo tanto ela quanto meu pai ativos profissionalmente. Acho que a única coisa que desejava era que ela trabalhasse menos em certas ocasiões. Para mim, existe o momento de trabalho e o momento para estar em família, e às vezes eu queria que ela pudesse focar em outras atividades quando chegava em casa.

Nossos momentos em família eram muito concentrados no fim de semana. Todo domingo, íamos ao cinema e depois comíamos pizza. Essas saídas se tornaram uma tradição e fazem com que o tempo em família seja especial, mesmo com uma rotina cheia como a dela.

Minha mãe nos criou para sermos independentes e fazermos a diferença no mundo, além de ser uma inspiração em sua própria trajetória. Ela consegue equilibrar carreira, família e atividades pessoais, sendo um exemplo de que é possível ter uma vida plena. Com ela, aprendi desde cedo sobre feminismo e inclusão. Graças a isso, hoje consigo identificar situações de desigualdade ou preconceito com mais facilidade, inclusive no ambiente de trabalho. Ela nos ensinou a importância de combater problemas sociais, ainda que isso, em algumas situações, seja desafiador.

Se pudesse agradecer por algo específico, seria pelo fato de ela ter me dado asas para explorar o mundo e ser quem eu sou. Ela sempre me incentivou a voar, a conquistar meu espaço, mesmo que isso significasse sair da minha zona de conforto. Ela é minha referência, e

saber que posso contar com ela é um dos maiores presentes que ela me deu. Essa confiança que ela deposita em mim é um dos aspectos mais importantes na minha jornada e me traz a segurança de que posso crescer, errar e aprender, sempre tendo o apoio dela.

Julia, 19 anos

Minha mãe é jornalista, e eu acabei estudando Jornalismo também, então conversamos muito sobre a profissão. No início da carreira dela, lá no Ceará, ela trabalhou em veículos de comunicação, atuando em TV, rádio e redação. Mais tarde, em São Paulo, passou por grandes empresas, como Natura, Schinchariol, Johnson&Johnson, Goodyear, GE, UHG e, mais recentemente, a FSB. Então, é isso: minha mãe é uma executiva que trabalha com Comunicação e Marketing. Agora ela está mais voltada para o lado da Assessoria e das Relações Públicas, não tanto para o setor corporativo.

Quando eu era mais nova, queria ser chef de cozinha. Depois fiquei em dúvida sobre o que fazer. Eu pensava que não queria trabalhar em algo como a minha mãe, passando o dia todo em reuniões e digitando. Embora o Direito fosse uma opção que me atraísse, porque gosto de falar e escrever, e as pessoas dizem que sou justa e firme nas minhas opiniões, eu achava que poderia ser um pouco entediante, mesmo sendo uma carreira que remunera bem.

Nas orientações profissionais que fiz, acabamos chegando ao Jornalismo, e percebi que essa profissão me daria liberdade para explorar várias áreas. Eu poderia, por exemplo, trabalhar com *podcast* e rádio, que são os setores que mais me interessam nesse momento. Hoje, já não acho tão estranho considerar uma carreira no mundo corporativo, embora, antigamente, essa ideia me parecesse desmotivadora.

Eu lembro da minha mãe trabalhando desde que eu era pequena. Ela normalmente ocupava cargos altos em grandes empresas, e, na minha cabeça, era sempre a mesma coisa: ir para o escritório, participar de reuniões com pessoas de vários setores.

Houve uma época em que minha mãe trabalhava até aos sábados, ficando no celular o tempo todo. Isso nos deixava um pouco frustradas. No geral, nossa rotina com ela era à noite e de manhã, pois na época não existia *home office*.

Hoje, o trabalho remoto permite que a gente conviva mais, e eu acho isso bom, especialmente neste momento em que estamos crescendo e tenho mais tempo em casa. No entanto, acho que nunca quis que minha mãe não trabalhasse. Desde criança, ela nos mostrava como o trabalho era importante para ela, e eu via o quanto isso a deixava feliz e realizada. A ideia de que ela não fosse só mãe nunca foi um problema, até porque sempre tivemos a Cleide, que cuida de nós e ajuda em casa.

Ainda assim, acho que já desejei que ela estivesse menos estressada com o trabalho. Quando eu tinha uns 13 anos, esse estresse, às vezes, acabava afetando o ambiente em casa. Porém, também sei que isso fazia parte do ritmo de trabalho e da fase que estávamos passando, quando, por ser pré-adolescentes, já tínhamos nosso lado rebelde e mais chato.

Uma coisa legal é que, com a carreira dela, minha mãe pôde nos ajudar em vários aspectos. Agora, com os processos seletivos de estágio, sinto que a experiência dela nos ajuda muito, pois ela consegue nos orientar sobre como lidar com as situações do mercado de trabalho.

Para o futuro, sempre penso que posso construir minha própria carreira e vida sem que me sinta limitada por situações como formar uma família. Eu sei que a minha mãe não queria inicialmente casar e ter filhos, pois achava que isso poderia interromper a carreira dela. Mas, ao ver que ela conseguiu conciliar tudo, entendo que é possível ter uma família e uma carreira sem ter que desistir de uma delas.

Ela também nos mostrava a importância de saber nosso valor e reconhecer quando uma situação é injusta. Graças a ela, temos muito claro o nosso espaço e o que merecemos.

Se eu tivesse que dizer algo que nunca disse à minha mãe, eu agradeceria por ela ter tido a coragem de escolher a maternidade, mesmo quando isso não parecia parte do plano dela. Ela é minha maior inspiração como pessoa, mulher e profissional.

Nelcina

Nelcina Tropardi é bacharel e doutora em Direito pela USP. Em 25 anos de carreira, atuou em empresas multinacionais no Brasil e na América Latina, como Dasa, Heineken e Unilever, liderando departamentos jurídicos e de assuntos corporativos, desenvolvendo estratégias de *Advocacy*, Comunicação institucional, interna e digital, além de práticas de sustentabilidade e governança corporativa. Atualmente, é presidenta da Diretoria Nacional da Associação Brasileira de Anunciantes (ABA).

Mãe da Maria Paula, 18 anos.

O começo antes do começo

Eu nasci em Penápolis, uma cidade pequena de 500 mil habitantes que fica a 500 quilômetros de São Paulo. Quando completei 15 anos, tinha uma única certeza: eu não queria de forma alguma ficar lá. O problema é que, como existem faculdades de Direito em cidades vizinhas, que ficam a 50 quilômetros de Penápolis, isso significava que eu não precisaria sair do interior de São Paulo para estudar. Propus então aos meus pais – minha mãe, professora; meu pai, comerciante – que, se eles me pagassem um ano de cursinho em São Paulo, eu entraria para a USP. Era uma proposta bem topetuda, bem ousada, pois até então nenhuma mulher em Penápolis havia conseguido cursar Direito na USP.

Com 17 anos, fui para São Paulo, fiz cursinho e consegui passar, exatamente como eu queria. Profissionalmente, esse foi um dos meus grandes orgulhos.

O início no mercado de trabalho foi em um escritório de advocacia, e fiquei muito feliz ao receber meu primeiro salário como estagiária. Dali para a frente, comecei a minha carreira como advogada, mas, na sequência, migrei para posições em empresas e estou até hoje no mundo corporativo. Atualmente, cuido de várias áreas, que incluem o departamento jurídico, a área de *compliance*, auditoria interna e relações institucionais e ESG.

A chegada da Maria Paula

O pai da Maria Paula e eu nos separamos quando ela tinha um ano de idade. Ela cresceu indo para a casa do pai com bastante frequência, mas sempre morando comigo. Somos, basicamente, nós duas, pois até hoje não voltei a me casar.

Cresci com a minha mãe dizendo o mesmo que hoje digo para a Maria: "Nunca dependa financeiramente de homem nenhum. Quando entrar em um relacionamento, entre de igual para igual, sendo dona do seu nariz. Não estou preocupada se vou te deixar uma herança financeira. O que vou te deixar de herança é a sua educação, a sua formação profissional e, principalmente, como ser alguém com integridade que respeita as pessoas e o planeta." Esses são valores muito fortes que recebi da minha mãe e que passo para a Maria.

A vontade de ser mãe surgiu quando eu já estava no mundo corporativo. Só que, profissionalmente, estava bem estagnada, sem olhar para a minha carreira, para o crescimento dentro da empresa porque eu estava focada na tese de meu doutorado.

O pai dela já vinha insistindo há algum tempo, tinha um filho do primeiro casamento, mas queria muito ter outro. Eu dizia: "José Paulo, vamos esperar um pouco mais, porque estou escrevendo minha tese." Só que, à medida que o doutorado foi evoluindo, eu pensei: "Ah, vamos começar a tentar, porque sei lá quanto tempo vai demorar." Depositei minha tese em fevereiro, defendi a tese em abril, engravidei em maio. Simples assim, quando eu decidi, aconteceu. Era o momento certo. Eu e Maria estávamos preparadas!

Foi uma gravidez muito tranquila. Ela nasceu quando quis. Fui para a consulta médica em uma quarta-feira de manhã. Estava entrando na 39ª semana de gestação. A minha ginecologista, uma fofa, que eu adoro, falou: "Nelcina, não tem sinal nenhum aqui. Volta na segunda que nós vamos marcar uma cesárea, que deve acontecer terça ou quarta da semana que vem." Perguntei: "Então posso voltar para o escritório? Fernanda, a pessoa que vai me cobrir, está voltando de licença-maternidade hoje e eu preciso passar o trabalho para ela," e ela disse: "Pode ir para o escritório."

Voltei para o escritório ainda na parte da manhã. Comecei a passar os processos todos para a Fernanda e, na hora do almoço, a bolsa estourou. Para tudo! Correria geral! Minha secretária me levou para casa e minha sogra me levou para o hospital. O pai chegou depois. Fiquei em trabalho de parto por horas. Ela nasceu às 11h50 do dia seguinte, quando ela quis!

A rede de apoio na volta ao trabalho

Ao voltar para o trabalho, a empresa e o setor jurídico estavam passando por uma mudança significativa. Era um processo de maior internacionalização, com muito mais conexão com os Estados Unidos e a Inglaterra. Foi um momento em que precisei começar a lidar com profissionais de outros países. Tudo aconteceu com todos os medos que as mães têm quando voltam a trabalhar no mundo corporativo, depois da licença-maternidade.

Correu tudo bem e digo o seguinte: tive muita sorte. Encontrei três pessoas maravilhosas que me ajudaram muito e me acompanham até hoje. A primeira é a Ivonete – Ivuna, para os íntimos. Ela trabalha comigo desde antes de a Maria nascer. Ela é meu braço direito, que me ajuda a cuidar da casa e da minha filha. A segunda é a Beta, irmã da Ivonete, que foi babá da Maria durantes muitos anos. A terceira, Silvia, foi uma motorista que começou a levar a Maria para a escola quando ela tinha dois anos de idade e seguiu até o colegial. Na verdade, enquanto escrevo este texto, Silvia continua a levar Maria para o cursinho diariamente. São pessoas constantes, presentes, que nunca me deixaram na mão. Sou muito grata a elas, pois sempre viajei bastante. A ajuda delas foi fundamental para que eu pudesse equilibrar todos os pratinhos! Seria interessante saber o que representou para a minha filha ter uma mãe que viajou muito na primeira infância dela...

Uma perda irreparável e inesperada

Quando a Maria tinha quatro anos, passei três meses trabalhando na matriz da empresa, na Inglaterra. Ela já tinha uma *rotininha*: toda quarta-feira, ela ia dormir na casa do pai, além dos finais de semanas alternados, e os demais dias eram em casa. Nessa época, a minha mãe veio para São Paulo para ficar com a Maria.

No final desse período na Inglaterra, falei com a Maria e com a minha mãe por Skype. Por volta das quatro horas da tarde no Brasil, minha filha foi para a casa da avó paterna, onde o pai passava para buscá-la à noite. Logo após a saída da Maria, minha mãe teve um ataque cardíaco fulminante e faleceu na minha casa!

Como eu sabia que minha mãe não andava bem, resolvi ligar para casa. Meu vizinho atendeu a ligação e ao fundo ouvi um paramédico anunciar o óbito. Voltei imediatamente para o Brasil e para Maria. Foi um dos momentos mais difíceis da minha vida, a viagem mais longa e triste, com muitas lágrimas. Meu irmão estava de férias na Turquia. Tive que localizá-lo para dar a terrível notícia: "Lu, não tem outro jeito de te dar essa notícia, mas a mamãe faleceu. Você precisa retornar ao Brasil." Falei com ele ainda na Inglaterra. Não sei como aconteceu, mas desembarcamos no mesmo momento em Guarulhos. Momentos muito tristes que marcaram a minha alma para sempre!

O desafio do tempo

Eu nunca cogitei parar de trabalhar, porque gosto do que faço. Mas era duro quando tinha que viajar e ficar longe da Maria. Recordo que um dia estava em Fortaleza e ela me ligou, no auge dos seus nove anos de idade, desesperada, porque estava em uma escola onde as coisas estavam muito, muito difíceis para ela. Ela me disse: "Eu não gosto dessa escola. As pessoas só gostam de mim pelo que eu tenho, pelo que eu levo para a escola, não pelo que eu sou." Doeu demais ouvir isso da minha filha, ver o quanto ela estava sofrendo!

Amarguradíssima, eu disse: "Tá bom, filha. Entendi." Decidi em seguida trocá-la de escola. A vida dela mudou radicalmente, ela virou uma criança bem mais feliz, bem mais tranquila e integrada. Era muito doído lidar com essas situações à distância, mas eu nunca pensei em parar.

Por outro lado, quando eu não estava viajando, privilegiava muito meu tempo com ela. É o que a gente faz até hoje. Chego em casa à noite, a gente se senta, vai comer alguma coisa e conversa. Ouço bastante o que ela tem para me dizer, e ela sabe se comunicar bem, comigo pelo menos. Então, fomos criando esse laço, essa proximidade.

Lição inesquecível

A conexão que tenho com minha filha foi sendo construída. A Maria Paula me ensinou muita coisa nesse tempo todo. Tem um episódio muito engraçado e triste ao mesmo tempo. Depois que me separei, tive que correr atrás da minha carreira. Sempre que chegava em casa, eu estava ou falando no telefone, ou em alguma reunião, ou eu tinha que abrir o computador para fazer não sei o quê.

Um dia, quando ela tinha três anos de idade, cheguei em casa nessa toada: ao telefone e abrindo o computador. De repente, eu a vejo sentada ao meu lado, com um computador de brinquedo e um telefone na mão porque o único jeito de ficar comigo era fingir que estava fazendo a mesma coisa que eu. Aquilo acabou comigo.

Fiquei tão triste... Eu falei para mim mesma: "Preste atenção no que que você está fazendo! Aproveite o tempo com a sua filha! Trabalho pode esperar! Para com isso! Olha o que você está passando para essa criança!" Respirei fundo e parei o que estava fazendo. A partir de então, eu chegava em casa e ficava com ela, fazendo as coisas com a Maria. Na medida do possível, evitava fazer ligações, evitava fazer qualquer coisa só para passar tempo com ela. Esse dia me marcou de um jeito muito forte.

O que a Nelcina executiva aprendeu com a Nelcina mãe

Eu acho que eu levo muita coisa do trabalho para casa e de casa para o trabalho. Quando trabalhamos no mundo corporativo, lidando com questões complexas, nos tornamos uma pessoa muito mais prática e objetiva. É natural você levar essas características para sua vida pessoal, para a rotina de casa, para a administração de tudo de um modo geral.

De certa forma, eu passo essa objetividade para a Maria Paula. Quando ela era menor, chegava em casa dizendo: "Ai, perdi um casaco." Eu respondia: "Se vira, acha. Eu quero o casaco de volta." E ela voltava com o casaco. Essa objetividade vem muito do mundo corporativo, essa forma assertiva de lidar com qualquer situação, de resolver os perrengues do dia a dia.

Sempre procurei ensinar a Maria a resolver os próprios problemas, a ser proativa. Quando ela me traz um problema, alguma coisa para resolver, a minha tendência é dizer: "Maria, vamos lá, pega o problema, põe na mesa e avalia." Tenho curiosidade sobre como isso impacta a vida dela, mas é o jeito que eu opero.

Agora, o que a maternidade acrescentou à minha vida profissional? Tudo. Eu tenho um chefe, que é um querido, que diz: "A gente tem que olhar para você antes da Maria Paula e depois da Maria Paula, porque você virou uma outra pessoa." Fiquei muito mais humana, muito mais compreensiva, muito mais aberta. Quando se tem um filho, a primeira coisa que se deve entender é que ele não é igual a você, não pensa igual a você, não vai fazer as coisas do jeito que você acha que têm de ser feitas. Eu tento respeitar ao máximo as decisões dela, procuro não impor nada.

Uma vez a coloquei em uma escola internacional porque eu queria ver se ela se adaptava melhor quando mudasse de ambiente. Também havia o fato de que eu sempre quis estudar fora e nunca pude. Eu tinha um sonho de que a Maria fosse fazer faculdade fora do Brasil, mas ela decidiu não ir. Questionei o porquê da decisão, quis entender por que ela queria ficar no Brasil, o que estava por trás disso. Ela me deu os motivos e eu falei: "Bom, estamos juntas, respeito a sua decisão, minha filha."

Diversidade na prática e não apenas no discurso

Há uns dez anos, estive em um evento para mulheres. Saí logo no início porque fiquei bem irritada. As mulheres que subiam no palco para falar de carreira se apresentavam assim: "Sou a fulaninha, casada com beltraninho, mãe da cicraninha e a minha carreira... eu sou diretora, não sei de onde..." Todo mundo que estava naquele palco seguia esse padrão.

O evento estava passando uma mensagem para aquela plateia de que a mulher bem-sucedida era casada, com filho e em um cargo alto. Fiquei muito revoltada e fui embora, porque achei uma falta de noção. Na plateia, com certeza, estavam mulheres separadas, como eu, com filhos; mulheres casadas e sem filhos; mulheres separadas e sem filhos; mulheres solteiras, mulheres homossexuais, mulheres que não queriam ter filhos... Porque ter filho é uma opção. Então, faltou diversidade em um evento sobre diversidade!

O mundo é diverso, comporta tudo. Eu digo o seguinte: ter filho não é obrigatório. Mas, se você quiser ter, não desista do seu sonho. Tenha seu filho, porque, no final das contas, dá tudo certo. Você consegue equilibrar os pratinhos, avançar com sua carreira, criar e estabelecer uma conexão forte com a sua prole. Se você já é mãe e está correndo atrás da sua carreira, vá em frente.

Um dia, as empresas vão ter que parar de deixar de promover uma mulher porque ela tem filhos ou porque ela está na *idade de engravidar*. Infelizmente, isso ainda acontece. Eu costumo falar: "Gente, vamos parar com os vieses." Quando estamos discutindo uma promoção, sempre tem alguém que fala: "Mas fulana acabou de voltar da licença-maternidade, ela não vai querer ser promovida agora." Eu sempre digo: "Você perguntou para ela? Você checou com ela se ela quer? Acho que é ela quem tem que responder, não podemos decidir com base em vieses. Vamos conversar com essa pessoa. Vamos ver se ela quer, se está disposta. Se, por acaso, ela não estiver disposta a ser promovida agora, também não vamos colocá-la em uma caixa fria, uma geladeira. Vamos respeitar o momento." Digo isso porque acho que temos que ser agentes de mudança para o melhor, para promover uma evolução.

Quando estava no começo da minha carreira, dizia de brincadeira: "Gente, se eu tiver uma próxima vida, eu quero voltar homem. É muito mais fácil." Quando a Maria era pequena e eu tinha uma viagem prevista, eu precisava programar, além da viagem de trabalho, toda a rotina da Maria para que ela acontecesse mesmo eu não estando em casa. Quando os meus colegas tinham uma viagem de trabalho, eles só faziam a mala. Quando faziam... Eu dizia para eles: "Muito fácil, né? Vocês nem fazem a mala de vocês! Então, dá licença, que eu vou organizar a minha vida aqui." A gente tem que mudar um pouco isso. Não é só olhar para o papel da mulher, mas também para o papel do parceiro, do pai. O pai tem que ser participativo, tem que ser presente. Nesse ponto, eu tenho sorte. Eu me separei, mas o pai da Maria nunca foi ausente. Ele sempre ficou com ela, nunca me disse não. Importantíssimo também.

Os assuntos precisam começar a se conectar. Quando a gente fala sobre mulheres, carreira e maternidade nas empresas, essa conversa tem que se conectar com as práticas de ESG.

Várias empresas fazem propaganda dizendo que têm o produto mais ecologicamente sustentável etc. Mas como são as práticas dessa empresa em relação aos colaboradores de um modo geral? E em relação às colaboradoras? ESG começa dentro de casa, na forma como damos oportunidades aos colaboradores e colaboradoras, como abraçamos e respeitamos essa diversidade de forma genuína.

Não é uma jornada fácil, mas tem sido gratificante, divertido e com muito aprendizado. Quando chegamos a um determinado momento da carreira, temos que começar a trabalhar para mudar o *status quo*. Hoje em dia, eu me empenho em quebrar alguns preconceitos, paradigmas, barreiras e ideias preconcebidas para que as gerações futuras encontrem um ambiente de trabalho mais saudável, mais aberto, mais flexível, mais humano.

O que eu desejo para a Maria

Sempre quando a gente fala nesse tema, eu digo: "Minha filha, não sei o que você vai fazer, mas faça o que você ama. Porque o trabalho, a sua profissão, vai ocupar grande parte da sua vida. Dedique-se ao que ama, assim como eu amo o que faço." Trabalho nunca foi um peso na minha vida e desejo o mesmo para a Maria: que trabalhar seja porque ela gosta, e não um fardo.

Maria Paula, 18 anos

Para mim, sempre foi natural ter uma mãe que trabalha. Nunca pensei: "queria que minha mãe não trabalhasse."

Lembro de ir visitá-la em um dos escritórios em que trabalhou. Me senti em um *talk show*, porque todo mundo vinha falar comigo. "Nossa, a filha da Nelcina!" Minha mãe estava no modo trabalho, todo mundo conversando com ela, perguntando coisas e ela respondendo a todos. Ali eu vi o quanto ela era importante. Pensei: "Olha como ela arrasa, todo mundo vem pedir a opinião dela e faz o que ela manda."

Eu não lembro muito bem das viagens da minha mãe quando era pequena. Lembro que ela me mandava cartões postais de onde estava,

geralmente de Londres. A gente se falava por Skype, mas travava muito. As chamadas geralmente não passavam de trinta segundos.

De forma geral, durante a minha vida inteira, minha mãe viajou bastante. No início, quando eu era mais novinha, não gostava muito disso. À medida que eu fui crescendo, comecei a entender que as viagens eram necessárias e me acostumei. Passei a lidar melhor com a ausência dela. Mas vou ser sincera, espero que, quando eu começar minha carreira profissional, não tenha que viajar tanto. Não sou uma pessoa que gosta de viajar. Para mim, uma a duas viagens em família por ano já está ótimo. Não quero ter que ficar viajando sem ser em família.

Minha mãe sempre respeitou minhas decisões. Ela me apoiava em tudo que eu queria fazer. Lembro que na pandemia eu queria pintar algumas mechas do cabelo. Ela concordou e pintei de rosa.

Ela também me apoia no hipismo. Quando ela quer sair no fim de semana, mas eu tenho uma competição, eu digo: "Mãe, não consigo, vou competir." Ela entende meu ponto de vista.

Ainda vou começar a faculdade, mas já decidi que quero fazer Direito. Eu não sei se foi por influência da minha mãe, mas talvez os anos acompanhando sua vida de advogada nos bastidores tenham sim me dado vontade de seguir a mesma carreira.

Também devo admitir que, ao olhar para minha mãe, eu penso: "Nossa, um dia quero ser como ela." O fato de termos sido apenas nós duas em casa foi outro grande motivo para que eu decidisse fazer Direito. Eu penso: "Já que ela conseguiu ter uma carreira bem-sucedida, eu também consigo."

Além da carreira profissional, quero continuar fazendo hipismo. Esse esporte me fez adquirir diversas qualidades, como equilíbrio e paciência. Portanto, não planejo parar e nem me imagino sem o hipismo.

Minha mãe já sabe que eu sempre me inspirei nela. Lembro que eu estudava em uma escola onde a maioria dos pais dos alunos trabalhavam, enquanto as mães ficavam em casa. Eu nem ligava, pois achava muito interessante a minha mãe estar no escritório trabalhando.

Dona Nel, como ela é conhecida, sempre foi uma querida. Amo Dona Nel e todos meus amigos também amam Dona Nel!

Paola

Paola Gabriela Pazotto nasceu em 1973 em Campinas, interior de São Paulo. Cursou Administração na FEA-USP e fez MBA na Coppead-UFRJ. Consolidou sua carreira em Marketing e Vendas na 1 Brasil, onde trabalhou por 18 anos, também assumindo posições regionais na América Latina, baseada no Brasil e no Chile, e na Ásia, baseada em Hong-Kong. Em 2012, foi a primeira mulher de origem latina, em mais de cem anos de história da BAT, a assumir uma posição de diretoria de marketing da empresa. Hoje é consultora estratégica com foco em tendências para a indústria de bens de consumo e empreendedora na área da saúde e meio ambiente.

Mãe da Sofia, 9 anos.

Embarcando na viagem da maternidade aos 40 anos

Minha história com a maternidade começa apenas alguns anos antes da chegada da minha filha, Sofia. O fato de eu ter tido sucesso profissional e conquistado a carreira internacional que sempre quis acabou por me *distrair* desse assunto por muito tempo. O trabalho era intenso e demandante, mas também divertido: conheci países que nunca havia pensado em conhecer, pessoas com estilos de vida diferentes e ampliei muito meus horizontes. Passei anos aprendendo com as experiências que o trabalho me proporcionava e explorando o mundo com meu marido. Os desafios profissionais não foram poucos, mas sempre encontrava uma solução.

Quando criança, nem boneca tive, não achava a menor graça, portanto, a maternidade não era algo que aparecia naturalmente em mim. Outro fator que ajudou a manter a maternidade bem baixo na minha lista de prioridades foi a crença – errada, hoje eu sei – de que a medicina já tinha uma solução para as mulheres que queriam engravidar mais tarde para priorizar suas carreiras. Assim aprendi que a vida nem sempre acontece conforme planejado.

No final de 2012, antes de completar quarenta anos, resolvi, enfim, dedicar tempo para embarcar na viagem da maternidade. Eu havia acabado de ser transferida para o Chile, onde vivo até hoje com a minha família, e passava pela etapa profissional mais difícil dos meus 18 anos de empresa. Sentia a pressão profissional por todos os lados: era responsável pela gestão de diversos países da região Cone Sul, estava envolvida num ambiente político instável e demandante e ainda convivia com a responsabilidade de inspirar novas lideranças femininas, já que eu havia sido a primeira mulher de origem latina em mais de cem anos de história da empresa a assumir a tão almejada diretoria de marketing.

Eu reportava diretamente ao presidente da região Cone Sul e tinha grande visibilidade e influência na estratégia global da BAT devido aos projetos de inovação que estava liderando nos países que gerenciava. Era um ambiente de muito estresse e rotina de viagens que não se alinhava à estabilidade necessária para uma gravidez, muito menos para lidar com tudo o que estava por acontecer na minha vida. Se por um lado o momento não era ideal, por outro, eu contava com o apoio emocional do meu marido que havia sido um companheiro incrível nessa jornada profissional que nos levou a tantos lugares ao redor do mundo. Finalmente havia chegado a hora de formar uma família.

Eu já estava com acompanhamento médico para tentar engravidar naturalmente há vários meses, mas 2013 já havia chegado, dias e meses se passavam sem qualquer novidade. No final daquele ano, depois de algumas mudanças de médico e novos exames, tive o diagnóstico de menopausa precoce e descobri que tinha menos de 10% de chance de engravidar, mesmo com tratamento de fertilização. Por pior que fosse a notícia, em nenhum momento passou pela minha cabeça que eu não conseguiria gerar um bebê a partir do meu próprio óvulo e estava disposta a fazer de tudo para conseguir. Tratei isso como mais um projeto, mas agora com prioridade total.

Sentia que tinha que colocar toda a minha energia naquele desejo. Tenho uma característica muito própria: não gosto de arrependimentos. Prefiro pagar o preço por algo que fiz a deixar de fazê-lo. Eu tinha que tentar.

Alguns meses após o diagnóstico e já começando um tratamento com uma grande descarga hormonal no meu corpo, fui ao otorrino, que me pediu um *scanner* facial para tentar resolver uma sinusite recorrente. O exame não mudou muito o tratamento da sinusite, mas mudou a minha vida. Ele indicou manchas no cérebro e de lá fui direto ao neurologista, com mais medo de como isso poderia impactar meu tratamento para engravidar do que do próprio diagnóstico. Eu sabia que existiam tumores relacionados ao estrogênio e tinha medo de que essas manchas no meu cérebro fossem um deles. E sabia o que isso significava para quem está tentando engravidar. Foi a primeira vez que pensei que a maternidade talvez não fosse acontecer na minha vida. Chorei, chorei muito. Nunca havia me sentido tão impotente.

Com um diagnóstico de menopausa precoce cada dia contava, então não podia colocar em pausa o projeto gravidez ou os 10% virariam improváveis 8%, 6%, 5%... até que uma gravidez com óvulo próprio fosse impossível. Durante semanas, tentava responder a mesma pergunta: "Se for algo ruim, será que estou realmente disposta a pausar o projeto da gravidez e reduzir ainda mais minhas poucas chances de engravidar?" Eu tinha dúvidas. A busca por essa resposta – tendo que escolher entre dois cenários improváveis para a maioria das mulheres – me fez ressignificar o desejo de ter um bebê como nunca e, finalmente, a maternidade aconteceu em mim. Ela deixou de ser um projeto, deixou de ser um desejo, deixou de ser uma racionalização e passou a viver em mim em forma de sentimento muito profundo, vários meses antes de conceber. Eu estava pronta para ser mãe.

Os neurologistas ainda não haviam conseguido fechar um diagnóstico das manchas no cérebro: podia ser um meningioma ou uma calcificação. Após algumas semanas, concluíram que, no pior cenário, seria um tumor benigno de crescimento muito lento, então me deram sinal verde para continuar o tratamento hormonal com meu médico obstetra.

Esse ano é meu, não importa o que aconteça!

Naquele ano, a empresa planejava algumas mudanças que incluíam a reestruturação de regiões e a realocação de pessoas. Com os planos da maternidade em prioridade máxima, não seria conveniente mudar de país. Não havia nem tempo para qualquer alteração de percurso. Eu sabia disso, então tive uma conversa com meu chefe à época, que foi um divisor de águas na minha carreira corporativa. "Este ano eu preciso fazer um tratamento de saúde". Contei a ele tudo o que estava acontecendo e disse: "Estou na empresa há 18 anos, tenho uma rotina pesada de viagens e mudei diversas vezes de cidade e país. Este ano precisarei reduzir minha agenda de viagens e vou ter que ficar aqui no Chile, não posso me mudar novamente." Tentei colocar a situação da melhor forma possível, mas uma série de movimentos já estava em curso e era incerto que minhas condições pudessem ser atendidas. A empresa continuaria planejando as mudanças, mas, dessa vez, provavelmente sem mim.

Enfim, a maternidade

Felizmente engravidei, e de forma natural. Parece que o óvulo que ia gerar a Sofia estava lá só esperando meus hormônios se ajeitarem, um encontro que demorou 41 anos para acontecer. Após receber a notícia, eu e meu marido ficamos muito felizes. Apesar de tudo, nunca deixei de ter fé e acreditar. Eu sabia que tudo sairia bem.

Aos poucos a ideia de ficar permanentemente no Chile foi crescendo. Havíamos encontrado um médico de confiança, era um país muito seguro e o ambiente ideal para criar um filho, principalmente nos primeiros anos de vida.

Grávida e com possibilidade de realocação no Brasil, acabei saindo da empresa e colocando em prática, junto ao meu marido, o plano de residência definitiva da família no Chile. Eu sabia que teria que me reinventar profissionalmente, mas gostava da ideia de não ter que voltar a trabalhar em escritório logo após a licença-maternidade e perder *os primeiros*: o primeiro passo, a primeira palavra, a primeira vez que ela dissesse mamãe. Histórias de arrependimentos de colegas que, pelas viagens, perderam o nascimento ou o primeiro aniversário do filho passaram a me assombrar. Sofia seria minha única filha. Na minha situação, não haveria filho número dois. Eu teria que encontrar uma forma de estar presente para não perder um minuto sequer como observadora da minha própria vida.

Diria que meu propósito começou a se materializar ao longo desses meses entre o diagnóstico de menopausa precoce e o nascimento da Sofia. Só então pude redefinir a importância que dava ao trabalho e abrir espaço para novas dimensões de sucesso e felicidade.

Entendi que a vida não dá muitas segundas chances e que não existe um botão para retroceder. Entendi, de verdade, a fragilidade da palavra vida e essa noção, ainda que de forma não muito clara, começou a guiar meu olhar para o mundo e dar forma ao meu propósito. Comecei a desejar viver mais e por mais tempo, para conviver o máximo possível com aquele bebê que fui conhecer apenas aos 41 anos. Eu estava quase na metade do caminho e ela estava apenas começando.

Começar de novo

A carreira corporativa tem um lado político que desgasta muito. Mais difícil do que o trabalho que se tem que realizar e do resultado que se deve apresentar, é a articulação que se tem que fazer durante o processo. Almejava um trabalho em que eu não dependesse tanto dessa articulação.

Sempre gostei de olhar para a frente, imaginar o futuro, interpretar comportamentos, criar estratégias e imaginar coisas novas. Não à toa meus projetos eram reconhecidos por trazer inovação para a empresa. Então, unindo meu interesse em trabalhar de casa à possibilidade de entregar uma visão de futuro para empresas de bens de consumo, a ideia de consultoria de tendências me atraiu bastante.

Em 2016, estavam surgindo pautas novas todos os dias: sustentabilidade, ingredientes naturais, mudança geracional, envelhecimento populacional, saúde da mulher, *startups*, mundo digital. As empresas estavam ávidas por entender melhor cada uma delas e como incorporá-las às suas estratégias de negócio. Foi assim que decidi retomar minha carreira e retornar ao mercado de trabalho.

Fui contratada por uma agência de publicidade na qual eu já havia trabalhado antes para liderar sua área estratégica e, após um tempo, me associei a uma agência boutique[11] que atuava há anos em toda a América Latina. Foram as sócias dessa agência que me abriram as portas do mundo da consultoria e pesquisa de tendências para o mercado corporativo.

Parecia um estilo de vida bastante interessante. Meu marido é empreendedor e sempre trabalhou remotamente, o que lhe garantia muita flexibilidade e presença no convívio familiar. Se eu adotasse um modelo similar, conseguiríamos ter a liberdade de viajar pelo mundo, que é nossa grande paixão, sempre que quiséssemos e, eventualmente, transformar viagens de trabalho em uma oportunidade de convivência em família.

Meu modelo de sucesso

Com esse novo modelo de carreira, minha filha não conheceu a superexecutiva cuja história de vida a levou a nascer no Chile e não no Brasil, onde residem os avós, tios e primos. Ela cresceu vendo uma

---

11 É uma empresa que oferece um atendimento exclusivo e personalizado, focada na criação de experiências customizadas para cada cliente.

mãe presente e emocionalmente disponível, que a acorda, prepara seu lanche, divide as fofocas na volta da escola e conta histórias à noite. Já combinamos até de escrever um livro juntas sobre nossas histórias para dormir. São coisas divertidas que não sei se teriam espaço para acontecer no meu modo de trabalho anterior.

Como os produtos e as empresas para as quais trabalho sempre mudam, entendo que pode ser confuso para a Sofia. Uma vez ela disse: "Mamãe, eu não entendo: uma hora você tá falando de sapato, outra hora você tá falando de xampu e pasta de dentes..."

Sofia diz que eu tenho resposta para tudo, que sou o Google misturado com inteligência artificial, e eu adoro isso, adoro a transversalidade de categorias em que atuo, adoro aprender.

Há algum tempo venho direcionando tempo profissional a projetos voltados a melhorar a saúde e o bem-estar das pessoas e do planeta. Um propósito que me inspira dia a dia, pois está conectado à ideia de vida, palavra essa que passou a nortear todas as minhas decisões pessoais e profissionais desde o início dessa história.

Outro dia, conversei com a Sofia sobre a nova direção que estou dando ao meu negócio: "Olha, a mamãe vai começar a estudar sobre energia, sobre alimentação e saúde – coisas que fazem bem às pessoas e ao planeta. O que você acha?" Ela prestou atenção e se envolveu. As conversas na volta da escola passaram a ser sobre os conceitos de nutrição que ela estava aprendendo no colégio, os alimentos que faziam bem e os que faziam mal. Teimou comigo que chocolate fazia bem, ao que eu respondi que sim, contanto que fosse chocolate de verdade, 80% cacau ou mais.

Apesar dessa confusão toda que causo na cabeça dela, sempre tento envolvê-la, uso seu linguajar, seu universo. Certa vez, para criar uma marca para um cliente perguntei: "O que você acha dessas cores?" Ela ajudou, fez desenhos e deu sugestões. Ela é ótima em artes.

Após tantas experiências novas e uma boa quantidade de horas de estudo, aprendi que o sucesso pode ser medido em muitas dimensões, sendo o sucesso profissional apenas uma delas. Por exemplo: uma pessoa pode estar muito bem na dimensão carreira e dinheiro, mas estar falhando gravemente na dimensão família, amigos ou saúde. Ou talvez não tenha se destacado em nenhuma dimensão específica, mas conseguiu estar acima da média em todas elas. Uns anos melhores que outros. Qual dessas pessoas será que sente que tem mais sucesso na vida?

Boa pergunta, não? O mais interessante é que não existe resposta certa. O importante é a reflexão para descobrir as dimensões da vida que são especialmente importantes para cada um e trabalhar para melhorar onde existem falhas. Cada pessoa vai montando, ao longo da vida, a sua equação de sucesso. Umas descobrem logo cedo a sua fórmula, outras apanham mais para aprender – meu caso. Há também aquelas pessoas que passam pela vida sem nunca perceber que têm esse poder.

Passei a desenvolver projetos de consultoria trabalhando de casa, muito antes de a pandemia normalizar esse modelo. Acredito que muitos diriam: "Ela deixou de ter sucesso"; ao que eu respondo: "O que você considera sucesso?"

Minha história de vida vem um pouco para humanizar o entendimento de sucesso profissional de uma mulher, pois, cada vez que vejo no LinkedIn mulheres sendo promovidas para cargos de CEO, fico muito feliz com o avanço da liderança feminina, mas não consigo deixar de pensar no que ela deixou pelo caminho.

Lições de navegação

Espero que a Sofia aprenda muito cedo a pilotar com sabedoria e maturidade as diversas dimensões de sucesso pessoal para desenvolver uma autoestima firme e forte. Espero que seja capaz de navegar com convicção o mar da vida, progredindo sempre e com liberdade em direção aos seus objetivos.

Para as outras mães, a mensagem que deixo é: faça! Faça o que estiver na sua cabeça e seja um exemplo de orgulho, não apenas para seus filhos, mas para você mesma. Se for para começar, recomeçar ou mudar de carreira, comece, recomece ou mude; se for para ter filho, tenha; se for para mudar de cidade ou país em busca de uma nova experiência de vida ou aventura, mude. Temos apenas uma vida, e é você quem deve navegá-la, lembrando que é mais divertido navegar do que chegar ao porto. Não existe o melhor momento para começar; então, respire fundo, ice as velas e faça acontecer a vida que você imaginou.

Sofia, 9 anos

Eu gostaria de ser atriz, e uma das coisas que gosto muito é ir à escola para a aula de artes e de teatro. Fora da escola, gosto de fazer ginástica artística e competir, então tenho que aprender as séries e treinar para fazer os movimentos cada vez melhor para passar de nível. Também gosto de ouvir histórias. Minha mãe conta histórias para mim todas as noites, antes de eu dormir. Mas eu nunca ouço até o final porque acabo dormindo. Ela sempre conta a de um macaco que viaja pelo mundo em um balão. Cada noite ele está em um país diferente.

A mamãe também viajou pelo mundo e me conta histórias sobre esses lugares. Ela trabalhava viajando muito e mudando de país por causa do trabalho. Isso quando eu ainda não tinha nascido. A gente chegou aqui no Chile porque o trabalho dela mandou ela para cá.

Vejo a mamãe trabalhando quando ela está em casa, no Zoom, falando com pessoas diferentes que eu não conheço, lendo ou escrevendo. Às vezes, ela viaja também, mas bem pouco. Lembro que, quando eu era menor e ela estava em reunião, ela deixava a porta do escritório fechada, mas eu entrava e engatinhava embaixo da mesa para não atrapalhar.

Hoje, ela tem outro tipo de trabalho, acho que são dois. Em um, ela quer ajudar as pessoas a viverem com saúde. E tem outro, que é com energia, luz solar. Uma vez eu ajudei a mamãe a desenhar uma marca. Ela ia fazendo, e eu ia ajudando e fazendo outros desenhos. As cores que escolhemos para essa marca foram verde e preto. Foi muito legal ajudar a mamãe nisso.

Com o trabalho dela e do papai, a gente pode guardar dinheiro e pode viajar. Eu gostei de visitar os lugares que o macaco já foi, como uma aranha gigante em uma praça no Japão e o Jardim Botânico no Rio de Janeiro. Quero conhecer mais lugares. Eu não sabia, mas a mamãe me falou que ela já visitou os mesmos lugares que o macaco foi nas minhas histórias, e isso é legal.

Acho que a mamãe não gosta de ficar em casa na frente do computador, mas acho que ela gosta do que faz. Eu gosto que ela fique em casa, porque ela está sempre pertinho. Minha mãe é divertida, mas quando está nas reuniões dela, fica séria e até meio chata, mas tudo bem, porque eu sei que à noite tem história do macaco, daí a gente fica juntinha de novo.

Sandra

Sandra Miguez nasceu no Rio de Janeiro, filha de imigrantes espanhóis. É advogada, com mestrado em Direito pela Universidade Gama Filho e *Executive MBA* em *Business Administration and Management* pela Fundação Dom Cabral, com *Post MBA* na Northwestern University - Kellogg School of Management, em Chicago.

Baseada em Londres, é uma executiva jurídica na área de bens de consumo, com experiência na América Latina, no Reino Unido, na Europa e na África subsaariana. Seu foco de atuação é Direito Tributário e Societário, Governança Corporativa e *Compliance*.

Mãe do Hector, 12 anos.

Pare. Pense. Siga.

É interessante que, ao refletir sobre os efeitos da carreira corporativa na maternidade, a primeira coisa que me veio à cabeça foi a forte ética de trabalho que vi em casa quando ainda era pequena. Pensar no que vivenciei na minha infância talvez tenha me dado o discernimento para reconhecer que estas páginas do *Minha mãe é um sucesso* começaram a ser escritas quando meus amados pais resolveram deixar a Espanha, cruzar o oceano e tentar a vida no Brasil.

Sempre lembro do meu pai trabalhando incansavelmente, de um jeito que hoje talvez nem se permita mais, para que eu e minha irmã tivéssemos acesso a um tipo de educação que não era o padrão das demais crianças imigrantes na época. Essa situação criava um estranhamento que se espalhava entre os *patrícios*, mas também entre os nossos pares na escola. Definitivamente, por qualquer perspectiva que olhássemos, éramos atípicos entre os imigrantes e no colégio.

Mas isso nunca impediu que nos lançássemos em maiores desafios à medida que íamos progredindo. Estudo e trabalho eram (e talvez ainda sejam) hábitos tão arraigados na família que, recentemente, em uma conversa com a minha irmã, falávamos sobre assistir uma série na TV na manhã de sábado. Paramos, nos olhamos, rimos e perguntamos: "Mas a gente pode?" Quando pequenas, nós definitivamente não começávamos o dia com televisão. Não era produtivo! O movimento era constante, as pausas eram breves. E, se havia parada, era para pensar. E o pensar era sempre sobre como seguir.

Ressaltar a importância do exemplo e da influência que meus pais tiveram, e ainda têm, sobre mim é uma forma de homenageá-los. Uma história que eles não tiveram a oportunidade de escrever, como eu tenho agora. Penso também poder um dia ser lembrada como o norte do Hector. Isso terá sido uma grande vitória.

A semente e seu fruto...

Eu sempre me perguntei o que movia os meus pais. A inércia nunca esteve no cardápio e, hoje, por incrível que pareça, penso que a semente foi plantada na expectativa de que o fruto caísse longe do pé, em um terreno mais fértil, e se tornasse uma árvore mais frondosa. Mas seria isso possível?

Espanhóis são muito diretos, e meus pais escolheram colocar as filhas em uma escola alemã, onde o ensino redobrava o foco de uma cabecinha já bastante cartesiana: a minha.

E eis que, mais tarde, me deparei com um mundo sinuoso, e não reto. Passei boa parte da minha carreira em uma multinacional inglesa, em que a comunicação é cheia de nuances, muito mais sofisticada e menos direta. Compreendi que o simples e direto nem sempre vai ser o mais efetivo, e perceber essa diversidade é fascinante.

Em uma dessas dinâmicas corporativas da vida me perguntaram: "O que é ser objetiva para você?" Respondi: "Não é só mirar na meta e alcançá-la? Óbvio, não?" Não. A resposta: "Muitas vezes é o caminho mais longo que leva ao que você deseja."

E, quase entrando em curto-circuito, eu me perguntei: "O que diriam meus queridos e diretos pais sobre essa lógica de resultados?" A consciência *de ser quem se é* foi importantíssima para navegar esse *mar cultural* e permitir ajustes.

Contemplação, entendimento e transformação têm que ser a tônica de quem quer crescer. A questão a ser constantemente colocada é o que você abandona e o que você leva pelo caminho. A única constante na vida é a mudança. Então você pensa no que está arraigado em você e lembra que o fruto também se transforma para voltar a ser semente.

Um pé de quê?

E sendo semente, o próximo passo é germinar.

A maternidade sempre foi um sonho para mim. Curioso até, porque a minha criação foi totalmente direcionada em outro sentido. Acho que ser independente e autossuficiente sempre foi a grande meta. Não havia muita conversa do tipo *quando você tiver seus filhos...*

E quando tive o meu filho, o conflito interno foi o de como criá-lo. Com base no que me ensinaram? Com base no que aprendi? Juntando tudo e fazendo o que era possível?

Tenho plena consciência de que, quando falamos de filhos, estamos ali cuidando, nutrindo, tentando compartilhar o que vivemos e aprendemos na expectativa do fruto que vai dar. O fato é que a gente nunca sabe qual será o resultado disso.

Eu me tornei mãe aos quarenta anos. Cada dia colocava o sonho da maternidade mais distante, o passar do tempo me inquietava e, quando finalmente aconteceu, lembro de me olhar no espelho e pensar: "Será que estou mesmo grávida?" Já estava com quatro meses de gravidez e ainda custava acreditar. Era tão milagroso e tão fora do esquadro, da agitação da vida executiva que eu vivia, que foi só alguns dias antes do nascimento que pensei: "E agora?" Lembro bem do dia, do lugar e da hora.

Sim. Foi só ao cabo de nove meses que eu pensei no *e agora?* Podem me julgar, mas eu estava assoberbada na época. Acho que não dava nem tempo de sonhar.

Durante a gestação, passava por um período profissional tão intenso, que sinto que não aproveitei a gravidez como poderia. A gente entra no turbilhão de trabalho, carreira, tarefas e compromissos sem fim. Se, por um lado, ganhei experiência e exposição, por outro, olho para trás e vejo o quanto eu estava completamente absorvida pelo dia a dia. Eu estava sempre dividida entre o trabalho e as inquietações de saúde com a gestação. A expressão *primípara idosa* ecoava rotunda e constantemente a cada consulta com a obstetra.

E o *não aproveitar como poderia* foi meio que um padrão tristemente seguido na primeira infância do Hector. Ele tem doze anos e eu tenho saudades de um tempo que não vivi, que não volta mais. Justamente daquele incrível período da tenra infância, da inocência e das primeiras descobertas e conquistas. Muitas, infeliz e dolorosamente, eu não presenciei. Eu tive que me contentar com o relato.

Na maternidade nem tudo são flores, e essa jornada traz uma carga emocional intensa. Hoje, tenho uma percepção muito mais nítida e aguçada quanto à finitude de cada fase de convívio. Embora ele seja meu filho para sempre, o período em que ele ainda busca muito a minha companhia vai se estreitando a cada dia, exatamente na mesma medida em que os horizontes dele vão se ampliando. E isso é normal. Tem tanta coisa para ver no mundo…

Atualmente, embora o trabalho tenha entrado no caminho e subtraído tempo com meu filho, faço questão de estar presente em cada momento: no *rugby*, na vela, no teatro, no evento da escola – no que for. Estico todas as possíveis chances de convívio. E a gente brinca: você me acha grudenta? Ele diz que sim. E eu adoro.

Adoro as conversas do café da manhã, com as perguntas clássicas "Você sabe o que está acontecendo no mundo?", "O que mais te alegrou no dia de ontem?" Adoro ainda mais a discussão que se segue. Ele me mantém conectada com a atualidade, me traz um entendimento mais amplo do mundo, das pessoas, dos organismos, das organizações, das sociedades… Sutilezas mil que não ensinam na escola.

Não tive essas conversas na minha infância. Tive muitas outras coisas, mas não isso. Cada vez que divido com ele algo que não me foi ensinado, mas foi por mim compreendido, sinto uma alegria imensa. Sempre penso: "E se alguém tivesse feito isso por mim?" Talvez esse seja meu maior presente para ele. Poder dividir essas perspectivas com ele é um incomensurável privilégio. Até porque nem toda consciência do entorno veio de forma fácil. Alguns aprendizados foram bem dolorosos. O eventual sucesso é visível, o caminho tortuoso até lá, nem sempre é.

Às vezes, penso que *os filhos do sucesso* nem entendem muito bem o conceito, porque já nasceram *lá*. O entorno vira *moeda corrente, o normal*. Só que esse é um ponto mais próximo da linha de chegada. A jornada, é claro, foi cheia de altos e baixos, vitórias e derrotas, só que eles não estavam lá para ver.

O fato é que a gente planta com amor, dedica tempo e atenção, coloca à disposição nossa melhor versão e, no final, não sabe no que vai dar. A gente espera, torce, ajuda.... Mas, saber o que vai sair dali, saber mesmo, a gente não sabe.

Semente plantada, cuidada e nutrida, e ainda nos perguntamos: vai ser um pé de quê?

A poda que revigora a árvore

Se há um jargão corporativo que se aplica ao tema de conciliar carreira e maternidade este é: *confie no processo*. Confiando no processo, a vida segue e, quando se trata de trabalho, o estado da matéria é gasoso. Ele se expande infinitamente. E você tem que se manter vigilante para não voltar a velhos hábitos. Em algum momento durante a jornada, você se dá conta de que é preciso levar a vida e não deixar que ela te leve. E retoma-se o exercício de autoimpor limites, fazer a poda necessária para que a árvore possa se fortalecer.

Se pensarmos bem, das 24 horas do dia, trabalhamos oito (oito?) e nos restam 16. No fundo, porém, sabemos que as tais 16 horas não são realmente só nossas. Muitas vezes, enquanto estamos em atividades pessoais – seja dirigindo, tomando banho ou apenas relaxando –, continuamos processando o trabalho mentalmente. Esse espaço mental ocupado pelo trabalho vai além do físico e impacta diretamente nossa capacidade de descansar. Por isso, hoje eu percebo que, para manter um equilíbrio real, preciso deliberadamente fechar essa janela. É essencial definir esses limites para o mundo externo e dentro de você. Focar no momento presente, sem permitir que pensamentos intrusivos nos arrastem de volta ao trabalho. É um exercício de disciplina diário, absolutamente necessário. Temos direito a esse espaço e precisamos cuidar dele, atribuindo-lhe o devido valor.

Acho que não existe uma hora certa para fazer algo, pois cada momento é único e, uma vez que passa, não volta mais. Lição bem aprendida: você vai trabalhar, vai perseguir suas metas e aspirações profissionais, mas também precisa reservar tempo de qualidade para estar com seu filho, para que ele guarde essas memórias com carinho e as use emocionalmente no futuro. Buscar o equilíbrio entre carreira e maternidade é um exercício contínuo, por isso pense bem em como você usa seu tempo. Essa é a grande sabedoria.

Se nas plantas vamos removendo seletivamente certas partes para fortalecê-las, deveríamos ser capazes de fazer o mesmo com certos hábitos e pensamentos na nossa vida. Afinal, a poda revigora a árvore.

E, de repente, a floresta...

E você, embora tenha finalmente entendido que vai precisar cortar avanços na vida profissional e na vida privada para criar o tempo necessário para estar com o seu filho e lidar com suas questões, de repente se dá conta de que não vai conseguir percorrer todas as trilhas possíveis dessa floresta tão densa.

Mais uma vez, a maternidade ensina o valor da renúncia e nos mostra a verdadeira ordem de importância das coisas. Acho que essa é a principal lição da maternidade: aprender a priorizar.

São tantos temas, um turbilhão de acontecimentos que vão se concatenando, se sobrepondo e se impondo. Diante disso, a próxima jornada pessoal é definir internamente quais assuntos privilegiar com seu filho, já que é escasso o tempo que sobra entre uma atividade e outra.

Hoje procuro colocar em primeiro plano discussões sobre recursos emocionais. Tento fazer uma ponte entre aquele lugar recôndito que consome horas do meu dia (também conhecido como trabalho) e a vida do meu filho. Ao compartilhar questões com as quais me deparo no âmbito profissional, busco mostrar que não existem soluções prontas. Todas elas são construídas. Não raramente uso esses exemplos para reforçar a ideia de superação. Se meu filho diz: "Estou desanimado", eu costumo responder: "Olha, hoje eu estou bem, mas ontem não estava. Tive uma situação difícil, precisei colocar as coisas em perspectiva e entender os limites do que é possível fazer e quem pode ajudar."

Penso que apoiá-lo na construção de uma sólida bagagem afetiva para lidar com os desafios e relacionamentos ao longo da jornada será um bom legado. A vida é interação. Mesmo aos doze anos de idade, na escola, nos jogos eletrônicos, conectado ao mundo virtual, há sempre outra pessoa do outro lado interagindo e reagindo, e muitas vezes você tem que decidir como lidar com uma provocação, o que também ensina muito.

E não para por aí. Relações na escola, o que escrever ou não para um colega ou professor, são aprendizados valiosos. Está com raiva? Escreva um e-mail, mas não envie em seguida. Vá dormir, releia no dia seguinte e, se ainda parecer certo, então envie – uma situação clássica da vida corporativa. Não é bom responder com o fígado.

Falo por experiência. Exercitar a paciência foi uma lição valiosa que procuro compartilhar com ele. Tudo o que vivemos, a forma como lidamos com as experiências, o que escolhemos dividir, acaba formando o outro também e ajudando a encontrar os melhores caminhos dentro dessa floresta fechada.

Equipado para o futuro

Eu me emociono ao pensar nas possibilidades do Hector e de onde partimos como família. Eu me refiro ao verdadeiro começo, que foi lá com meus pais, esses sim, um exemplo de sucesso.

Recentemente, me perguntaram qual era a expectativa dos meus pais em relação a mim, e me veio à mente o quanto eram humildes e o quanto valorizavam o trabalho e a educação. Acho que a expectativa era deixar um indivíduo bem formado. Não havia espaço para maiores divagações.

É muito clara para mim a disparidade entre a realidade vivida por eles, que passaram por um pós-guerra civil sofridíssimo e a subsequente imigração para o Brasil, e a realidade que vivo hoje. Certamente, isso só foi possível pelo exemplo de força de caráter e obstinação que eles me deram.

Para mim, a grande questão foi sempre como tentar replicar o *salto quântico* geracional com relação ao Hector. O ponto de partida é muito diferente e é muito difícil replicar o êxito dos meus pais. Sigo tentando.

Quando alguém me pergunta o que desejo para a vida do Hector, penso que gostaria que alguém tivesse feito essa pergunta para meus pais e que eu tivesse a resposta registrada. Para Hector, eu desejo que ele faça uso de tudo a que tem acesso, sem economizar. E esse *tudo* não é, em absoluto, material. Eu gostaria que ele enxergasse o mundo com olhos ávidos, escutasse as pessoas com atenção e aproveitasse cada oportunidade de aprendizado a que tiver alcance. Gostaria que ele usasse o que eu e meu amado parceiro compartilhamos com ele como ferramentas para que possa se defender e construir o próprio caminho. Que tire bom proveito do nosso tempo com ele, das experiências divididas, do nosso profundo interesse, do nosso carinho e dedicação. Meu desejo é que ele encontre autorrealização no que desejar fazer, seja qual for a sua escolha.

Gostaria que ele encontrasse o sucesso dele, que desfrutasse de um sentimento de plenitude de quem, de alguma forma, está contribuindo para o mundo, deixando sua marca, por menor que seja. Pode ser como professor, mudando a vida de uma criança, ou como alguém que cria algo que melhore a vida das pessoas, ou mesmo apenas fazendo o que se propôs a fazer de forma bem-feita, com orgulho e integridade.

Aguardemos o que o futuro reserva. O meu sucesso como mãe terá sido colocar no mundo uma pessoa íntegra, trabalhadora e capaz de inspirar essa integridade em outras pessoas.

Hector, 12 anos

Minha mãe é advogada e trabalha em uma multinacional. Eu sei que ficava muito com a minha babá, mas tenho poucas lembranças de quando eu era pequeno. Uma vez fui ao trabalho da minha mãe. Acho que foi um evento, talvez no Natal ou naquele *dia de levar a criança para o trabalho*. Vi uma foto desse dia, mas, sinceramente, não me lembro de muita coisa.

Quando eu era menor, ela viajava muito a trabalho – ia para lugares como Nigéria, Chile, Inglaterra, Cuba. Eu via minha mãe sair, mas não ficava preocupado em saber quando ela iria voltar. Eu meio que apenas esperava, e nunca me perguntei por que ela ficava tanto tempo fora. Acho que estava acostumado. Era o normal para mim. Hoje, quando conversamos, percebo que a minha mãe foi mais afetada pelo tempo que ela passava longe de casa do que eu.

Agora, especialmente depois da pandemia, ela passou a trabalhar mais em casa, o que nos aproximou. Às vezes, eu ouço as reuniões em que ela participa. Ela lida com gente do mundo todo, e são reuniões bem intensas.

Eu nunca soube exatamente o que minha mãe fazia. Sei que ela trabalhou em diferentes empresas e foi promovida, o que acabou trazendo a gente para Londres. Quando meus pais me contaram sobre a mudança, eu não achei que fosse sério. Tive que deixar muitos amigos e memórias no Brasil para recomeçar aqui. Foi difícil, sem dúvida. Mas respeito o fato de que minha mãe aceitou esse trabalho para melhorar a vida de todos nós. Além disso, vi que ela estava feliz com a mudança, então fiquei feliz por ela.

Eu tinha seis anos quando nos mudamos para a Inglaterra, e agora tenho doze, metade da minha vida já foi aqui. O frio e as pessoas são diferentes; aqui, a sociedade parece mais fechada, tudo parece muito programado. No Brasil, eu sentia que era mais espontâneo. Chegando aqui, a adaptação foi complicada, especialmente na escola, porque eu mal falava inglês. Usava o celular para traduzir o que precisava e, com o tempo, fui fazendo amigos e tentando manter contato com os do Brasil.

Quanto ao futuro, ainda não sei. Penso em várias possibilidades. Gosto de inglês, de literatura, ciências, como química e biologia, e de teatro.

Acho que minha mãe e eu somos bem conectados em termos de criatividade. Temos uns códigos que são só nossos, ninguém mais conhece. Minha mãe me ajuda a ver as coisas de outras perspectivas e me influencia de muitas maneiras. Ela é muito trabalhadora, e eu tento seguir esse exemplo. Ela pergunta muito. É também muito analítica, enquanto eu às vezes sou *beeeemm* disperso. Um exemplo: se eu invento de comprar alguma coisa maior, ela pede para eu pensar em como vou fazer para pagar. Pode ser que eu tenha que juntar mesada, vender algo que já tenho.... São os meus *projetinhos*. Quando o *projeto* é aprovado, diria que 75% do dinheiro vem do que juntei e 25% são de um empurrãozinho dos meus pais.

Minha mãe é muito versátil. Sempre achei que ela mantinha um bom equilíbrio entre trabalho e família, e acho que ela gosta do que faz. Só que ela também enfrenta desafios e costuma me dizer que, para segurar uma rosa, é preciso lidar com os espinhos. Acho que ela consegue manter diferentes áreas de sua vida em harmonia, mesmo com tantos desafios. O ponto em que estou agora é graças ao esforço conjunto dela e do meu pai.

O que eu gostaria de dizer a ela? Simplesmente, obrigado.

Sirley

Sirley Lima, nascida em Arapiraca, Alagoas, em 1979, começou sua vida profissional aos 16 anos e foi mãe aos 19. Formada em Direito, iniciou sua carreira como *trainee* na Ernst&Young, no Rio de Janeiro. Ao longo da sua trajetória profissional, passou por multinacionais como Shell, Souza Cruz, Pernod Ricard e Heineken. Com atuação em áreas como Direito, RH, Relações Governamentais e Sustentabilidade, também foi conselheira do Conselho Nacional de Autorregulamentação Publicitária (Conar) e voluntária em projetos sociais. Apaixonada por pessoas, Sirley segue buscando sua melhor versão, equilibrando desafios pessoais e profissionais.

Mãe da Tatá, 26 anos, e da Helena, 14 anos.

De Arapiraca para o Rio de Janeiro

Eu nasci em Arapiraca, uma cidade pequena no interior de Alagoas. Aos doze anos, tive que me mudar para Maceió para cursar o ensino médio. Passei a morar com a minha avó e minha irmã mais velha. Fiz faculdade de Direito na Universidade Federal de Alagoas e, bem perto de terminar o curso, fiquei grávida e me casei com o pai da minha primeira filha. Eu tinha 19 anos quando a Tatá nasceu.

Minha filha frequentou as aulas de Direito comigo, pois não tínhamos com quem deixá-la enquanto eu estava na faculdade. Quando ela tinha cinco meses, fomos morar em Recife, mas como eu precisava terminar o curso em Maceió, duas vezes por semana eu e Tatá pegávamos a estrada de manhã muito cedo para assistir aula e depois voltar para Recife. Eram quatro horas de ida e quatro horas de volta – eu dirijo devagar. O pior era quando a universidade entrava em greve ou um professor faltava, e a minha viagem era perdida. Por vezes, precisava de ajuda do pessoal da limpeza da faculdade para ninar a Tatá enquanto eu fazia prova ou assistia aula. Ela era a mascote da turma!

Olhando para trás, foi tudo uma grande aventura, que me exigiu muita coragem e perseverança: é comum a faculdade ficar em segundo plano e não ser concluída quando jovens têm filhos. Como não terminar a faculdade não era uma opção para mim, nunca refleti muito a respeito na época, mas hoje sei que tive sorte de ter colegas, professores e uma família que me incentivaram e apoiaram. A decisão de ser mãe me fez ser mais persistente e teimosa para seguir, mesmo com as dificuldades. Demorei mais tempo para me graduar e, depois de mais uma mudança de cidade, me formei no Rio de Janeiro em 2002.

Duas crianças e o mundo

A Tatá tinha quatro anos quando passamos a ser apenas ela e eu, já que o pai foi morar nos Estados Unidos. Eu estava começando a carreira no Rio e decidi continuar na cidade, mesmo sem uma estrutura familiar, já que minha família morava em Maceió. Éramos duas garotas com o mundo inteiro para desbravar. Foi uma fase muito boa de construção de caráter e de uma relação que só melhora com o tempo. Quando ela fez 18 anos, fizemos uma tatuagem juntas em homenagem a esse período e ao lugar onde ela me disse que tinha sua lembrança de infância mais feliz: um apartamento de $79m^2$ com uma parede laranja, cadeiras de tecido verde e um espelho de mosaico colorido que está no quarto dela até hoje. Em nosso pulso esquerdo, está escrito *79m²*. Foi também nessa época que descobri uma deficiência visual congênita na Tatá. Se, para mim, a lembrança é de uma fase de medo e preocupação; para ela, é de alegria e brincadeiras, como as placas de isopor que eu espalhava pelo chão e nas quais desenhava estradas, carrinhos e bonequinhos formando cidades imaginárias. Como a gente se engana, achando que está fazendo tudo errado!

O prazer em liderar pessoas

Em 2003, entrei em um programa de *trainee* com outros cem jovens. Na época, eu era a única mãe. Fiquei por nove meses, até que mudei de empresa, onde atuei em três áreas diferentes: contencioso, combate ao mercado ilegal e, por fim, a área de contratos, atendendo ao setor de compras. Depois de quase quatro anos, fui trabalhar para uma empresa familiar que atuava no setor de operação logística e portuária, onde aprendi a transitar em um ambiente bem diferente de uma multinacional e tive desafios bem interessantes, com intenso crescimento pessoal e profissional. Tive a sorte de trabalhar com um diretor jurídico que tinha um jeito muito peculiar de tratar as pessoas. Eu aprendi muito com ele, um dos profissionais mais inteligentes com quem eu convivi.

Após cerca de sete anos, voltei para o mundo das multinacionais, no segmento de bebidas destiladas e vinhos. Ali, assumi a área jurídica, mas também liderei as áreas de sustentabilidade e relações governamentais, o que nunca tinha feito antes. Na entrevista, deixei claro: "Vocês sabem que eu não tenho experiência nessas áreas, certo?" Eles responderam: "Não estamos buscando alguém que saiba, mas alguém que queira fazer." Aceitei o desafio e me apaixonei pela sustentabilidade. Fizemos projetos incríveis, como programas de voluntariado; foi um período muito gratificante.

Novamente, depois de sete anos, migrei para outra gigante de bebidas, com uma agenda de transformação, sendo que, no primeiro ano, o grande foco foi no clima e no desenvolvimento das pessoas. Com o time, conseguimos uma das melhores avaliações nas pesquisas de clima da empresa, com advogados protagonistas, parceiros do negócio e um melhor equilíbrio entre a vida pessoal e profissional.

A rede que balança, mas não cai

Com a Tatá pequena, minha rede de apoio era composta apenas pela pessoa que cuidava da casa e ficava com ela no retorno da escola enquanto eu trabalhava. Quando mudamos para São Paulo, tivemos o apoio do meu companheiro à época, que adotou a Tatá e teve um papel fundamental nos momentos mais difíceis da adolescência e no amadurecimento dela como pessoa.

Minha segunda filha nasceu em 2010. Eu tinha 31 anos, em uma fase bastante diferente da vida de estudante: com mais maturidade e suporte, me vi uma mãe mais presente e segura. Além da dinâmica familiar diferente da primeira maternidade, eu estava em outro momento de carreira: estava em ascensão profissional, liderando pessoas e desfrutando da possibilidade de trazer meus pais e irmãs para perto de mim, e isso fez uma enorme diferença: a rede de apoio ficou mais robusta.

Penso que esse é um dos grandes aprendizados que eu tive com a maternidade: "É preciso uma aldeia inteira para educar uma criança." Saí do modo *sobrevivência* – terminar a faculdade, trabalhar para sustentar uma filha pequena, ascender profissionalmente para dar uma melhor educação e formação para a Tatá – para o modo *mãe*, com a ajuda de pessoas sem as quais talvez não tivesse conseguido colocar o nariz para fora d'água. Ter com quem contar de forma consistente, com quem dividir as responsabilidades, as angústias e as delícias que a maternidade traz é essencial para a paz de espírito das mães que trabalham fora de casa.

Orgulho das pessoas que elas se tornaram

Se me perguntarem qual é o maior orgulho da minha vida, eu diria que foi criar essas meninas, vê-las crescer e se tornar as pessoas incríveis que são. Na formatura do mestrado em Cambridge – Tatá foi bolsista, com 100% do mérito por isso –, todos estavam muito emocionados e, ao final, uma colega indiana veio até mim e disse: "Ela é a melhor pessoa que eu conheço." Já estava orgulhosa com a sua conquista como mestranda, mas ver o reconhecimento como uma boa pessoa me fez chorar. É um sentimento de *fiz algo muito certo para esse ser humano aqui*.

Tatá segue construindo uma vida linda, com afeto e conexões muito verdadeiras. Também percebo na Helena, a mais nova, uma personalidade graciosa, engraçada, madura e que faz dela uma das melhores companhias para se ter por perto.

As valiosas trocas do trabalho para casa

Como toda boa família de mulheres, conversamos muito, inclusive sobre o trabalho. Discutimos dilemas, angústias, *causos* e trocamos muita experiência profissional. Ter filhas jovens – uma em idade profissional – é uma fonte de aprendizado para mim, ainda mais hoje, quando lidero um time em que alguns integrantes são mais novos que a Tatá. Elas me fazem entender os conflitos geracionais, a maneira de ver a vida e o que significa motivação para os jovens da minha equipe. Do mesmo modo, aprendo com meu próprio estilo e levo esses aprendizados para casa.

Recentemente tivemos que implementar um sistema global que, para mim, não trazia muito benefício. Como temos um ambiente bacana de trocas na empresa, recebi o *feedback* de que eu estava sendo resistente à mudança. Refleti bastante sobre isso e comecei a me observar mais, inclusive em casa, onde pude perceber uma tendência de ser mais metódica e *apegada ao meu sistema* de fazer as coisas, não deixando muito espaço para o novo, o diferente e o surpreendente.

Aprendendo com as minhas filhas

Hoje, com um time de mais de trinta profissionais, meu foco é voltado para as pessoas. Busco ser uma líder inclusiva, aberta e que desafia a equipe a mostrar sua melhor versão. Isso significa estar disponível para ouvir e aprender com os erros.

Eu sempre me vi como uma pessoa que escutava e dava abertura para o aprendizado com o erro. Até que a Tatá, aos 14 anos, pegou o carro da empresa e dirigiu dentro da garagem do nosso prédio, causando um enorme prejuízo: ela praticamente destruiu a garagem e os carros dos vizinhos. Anos depois, já adulta, perguntei por que ela não parou de dirigir na primeira batida do carro, e a resposta foi: "Mãe, eu preferia destruir o carro inteiro do que admitir para você que eu tinha errado." Esse episódio me fez refletir sobre a necessidade de manter uma escuta ativa para o desenvolvimento humano, tanto meu quanto de quem está à minha volta, e me inspirou a criar um quadro chamado *Aprendendo com a Desgraça* na reunião mensal de time. A ideia era que todos pudessem dividir seus tropeços ao longo da carreira para também dividir os aprendizados. Se você não der espaço para as pessoas mostrarem seus erros, elas vão errar ainda mais tentando corrigi-los, por medo do julgamento e da bronca. Lição de casa que ficou? Todo mundo levanta a mão no primeiro desvio de curso e vamos acertar a rota juntos.

Mesmo ainda sendo pequena, a Helena já me dá *insights* que levo para o trabalho. Ela me diz quando estou exagerando em alguma reação, me ajuda a colocar situações em perspectivas diferentes, me corrige, me apoia, me faz *crescer*. Também chama minha atenção para olhar com cuidado para as pessoas: "Mãe, primeiro você pergunta como a pessoa está e depois fala o que você precisa falar!"

Ter filhos me ensina muito. Acredito que, como gestores, assumimos um papel de referência para o time. Não somos pais no trabalho, mas existe uma responsabilidade de cuidado, desenvolvimento, construção de relações verdadeiras, suporte, presença, escuta, conversas. Por isso, a relação com minhas filhas e a troca que temos me faz perceber muitas nuances em mim mesma que me ajudam a ser uma líder melhor.

Sendo nós mesmas

Eu sempre converso com a Tatá sobre a importância de conhecer nossas fortalezas: "Saiba no que você é boa, no que você é única." Nós, mulheres, nos cobramos demais, focamos no que está faltando ou no que precisamos melhorar, mas raramente reconhecemos nossos pontos fortes.

Considero a autenticidade o meu superpoder. Já recebi *feedbacks* de que eu era muito alegre, tinha energia demais ou de que o meu sotaque nordestino não era apropriado em determinados ambientes – muitos deles bastante elitizados. Atualizei a rota e refiz as escolhas para que eu pudesse ter a liberdade de ser inteira. Não foi um planejamento de carreira impecável que me trouxe até aqui. Na verdade, a vida já me deu muitas demonstrações de que *se você quer fazer Deus rir, diga-Lhe: "Tenho um plano!"* O que me trouxe até aqui foi ser eu mesma, além da minha dedicação e vontade de melhorar sempre.

Uma nova forma de enxergar o mundo

Uma colega, que tinha voltado da licença-maternidade há pouco tempo, me disse que estava um pouco frustrada. Depois de se tornar mãe, ela não estava conseguindo mais ser como era antes: trabalhar sem ter hora para terminar, com dedicação total! Ela dizia isso com tristeza, como se a maternidade lhe tivesse tirado algo.

Ela não é a única a se sentir assim: é comum nos sentirmos culpadas por dividir o tempo entre trabalho e maternidade, ainda mais quando nos comparamos com homens na mesma idade e no mesmo momento da carreira. Sentimos que estamos ficando para trás. O que disse a ela na ocasião é que nunca mais seremos as mesmas pessoas de antes da maternidade – e que bom que é assim! Essa experiência única das mulheres é responsável por termos uma ótica muito diferente na nossa forma de liderar, de nos planejar, de olhar para o coletivo. Essa colega disse, tempos depois, que a nossa conversa a ajudou a superar os medos que surgem com a maternidade.

Quando voltei da licença-maternidade da Helena, não me sentia muito à vontade para sair no meio da tarde e levá-la ao médico. Um misto de culpa e vergonha me acompanhava nesses momentos. Hoje, sinto que tenho uma responsabilidade maior de criar espaço para que haja segurança psicológica para que as pessoas com quem trabalho – homens e mulheres – possam fazer suas escolhas sem medo ou constrangimento. Para isso acontecer, eu dou o exemplo e deixo claro que minha família vem em primeiro lugar nas pequenas coisas do dia a dia: levar ou buscar filhos na escola, fazer o almoço, levar ao médico etc. Felizmente, é cada vez mais comum, nas reuniões *online*, os membros do time aparecerem na câmera segurando seus bebês ou mesmo sendo interrompidos por um pequeno que quer um carinho.

No final, a paz

Ser mãe, estudar e trabalhar sempre foi um desafio. Eu vivia na correria e nunca fui aquela mãe que participa de tudo na escola; eu era a aquela tentando sobreviver e pagar as contas.

Na época, me sentia culpada, especialmente porque sabia que eu era o único exemplo para a Tatá. Eu precisava mostrar para ela que o trabalho duro vale a pena. Ironicamente, foi mais difícil ser nordestina no Rio do que ser mãe. Sentia que não podia errar, havia uma pressão enorme. No entanto, acredito que muito dessa cobrança não vinha só do ambiente, mas da minha necessidade de tentar ser uma mãe e uma profissional perfeita.

Hoje, olhando para trás, sou feliz com as minhas escolhas. Faria algumas coisas diferente? Com certeza, mas sem arrependimentos, pois o que eu sou hoje – um ser humano em evolução constante – é fruto das experiências que eu vivi, com todos os erros e acertos.

Tatá, 26 anos

Eu e a Helena tivemos experiências bem distintas com nossa mãe, devido à diferença de idade. Quando ela me teve, tinha apenas 19 anos, enquanto a Helena nasceu quando ela já estava com mais de trinta. Isso refletiu diretamente na forma como vivemos a maternidade dela. No meu caso, lembro que minha mãe sempre trabalhou muito. Ela ainda estava na faculdade quando engravidou de mim e me levava para as aulas quando nos mudamos para Pernambuco. É claro que eu era muito pequena para me lembrar de tudo, mas algumas coisas ficaram marcadas.

A memória mais clara que tenho é dela trabalhando no Rio. Ela tinha dois estágios ao mesmo tempo quando eu era criança: um de manhã, um à tarde e faculdade à noite. Então ela saía de casa antes de eu ir para a escola, voltando tarde da noite. Nós tínhamos uma babá, que ganhava mais do que ela naquela época, e meus avós também ajudavam. Lembro de algumas vezes em que a acompanhei ao trabalho, principalmente quando ela tinha que trabalhar no fim de semana. Em uma véspera de Natal, por exemplo, fui com ela para o escritório porque ela estava fechando uma operação importante. Lembro até de ter brigado com a contraparte dela porque não queriam aceitar um documento sem os *furinhos da junta*[12], algo que na época não fazia sentido para mim, mas hoje entendo perfeitamente.

Minha carreira, de certa forma, foi influenciada por ela, mesmo que eu tenha resistido no início. Eu sempre ouvi falar muito sobre Direito em casa, já que tanto minha mãe quanto meu pai trabalhavam na área, e por isso inicialmente tentei evitar esse caminho. Entrei na faculdade achando que faria apenas um ano e depois mudaria de curso, mas fui me apaixonando pelo Direito.

Quando eu era mais nova, ficava um pouco chateada por minha mãe não poder comparecer a todos os eventos da escola, como muitas das outras mães que não trabalhavam. Ao mesmo tempo, eu tinha um orgulho enorme dela. Minhas amigas achavam incrível o fato de a minha mãe ser jovem, bonita e bem-sucedida. Isso me fazia ver a importância do que ela estava construindo.

Minha mãe sempre foi muito exigente, talvez por querer garantir que eu levasse tudo a sério. Ela me dava bastante responsabilidade desde cedo. Lembro que eu fazia capoeira na escola e era eu quem ficava encarregada de pagar a mensalidade; ela me dava os cheques e eu tinha que lembrar de entregá-los. Acho que isso me ajudou a ser independente.

---

12 Documento registrado na Junta Comercial.

Hoje, reconheço o quanto o trabalho dela moldou não só a minha vida, mas a dela mesma. Minha mãe começou como estagiária e hoje ocupa um cargo de vice-presidente. Cresci vendo o quanto ela batalhou para conquistar seu espaço, e isso me inspira profundamente. O que ela alcançou nos proporcionou muitas oportunidades, como a possibilidade de praticar esportes e viajar. Embora a Helena tenha nascido em uma fase mais estável da vida da minha mãe, ambas crescemos com valores e disciplina que ela sempre fez questão de nos passar.

Helena, 14 anos

Até os meus nove anos, lembro de pouca coisa sobre o trabalho da minha mãe, mas guardo na memória alguns eventos da empresa, principalmente os de Dia das Crianças. Eu adorava o escritório dela, sobretudo o mural cheio de desenhos coloridos. Quando ela e meu pai se separaram, minha mãe começou a trabalhar mais de casa. Ela estava por perto a todo momento, me ajudando com o dever de casa e outras tarefas. Nunca achei que ela fosse uma mãe ausente, porque ela estava sempre presente de alguma forma.

Não sinto que o trabalho dela tenha afetado nosso relacionamento. Mesmo com a agenda cheia, ela sempre arranja um jeito de estar lá por nós. Às vezes, o trabalho a estressa muito, e eu percebo que ela se sente mal por isso. Já aconteceu de ela falar algo mais firme que me magoou, mas logo depois pediu desculpas, percebendo que tinha sido o estresse falando, e não ela.

Quando minha mãe tem tempo livre, a gente adora conversar. Herdamos isso dela. Também costumamos ler juntas - peguei o hábito de leitura dela, de estar com vários livros ao mesmo tempo. Além disso, assistimos a séries e filmes. Ela é uma *chuva de cultura* e me enche de novas referências quando não está trabalhando.

Eu também faço hipismo, que é um esporte mais caro, e sei que isso é possível graças ao sucesso profissional dela. Minha mãe é uma mulher muito forte e sempre lutou para manter tudo isso. Eu e a Tatá vemos nossa mãe como um grande exemplo, tanto como profissional quanto como mãe. Ela equilibra tudo isso muito bem, e tenho muito orgulho dela por isso.

FONTE Baskerville, Aesthet Nova, LTC Bodoni 175 Pro
PAPEL Pólen natural 80g
IMPRESSÃO Paym

FSC
www.fsc.org
MISTO
Papel produzido a partir de fontes responsáveis
FSC® C133282